Si l'Histoire m'était contée...

playmobil

Si l'Histoire m'était contée...

Richard Unglik

casterman

Chères lectrices, chers lecteurs,

L'Histoire n'est pas seulement une succession de dates difficiles à retenir, qui encadrent de grandes périodes ou rappellent l'existence de grandes personnalités.

C'est aussi et surtout un voyage poétique dans un monde exotique, dans lequel les couleurs les plus éclatantes côtoient des gris peu glorieux, un monde parfois presque enfantin avec ses gentils et ses méchants.

Alors, si vous le permettez, c'est à la manière d'un conte que je vais vous présenter cette petite histoire de notre monde, avec ses oublis, ses exagérations, ses partis-pris et ses sauts dans le temps.

Mais au final, ce voyage vous paraîtra, je l'espère, sincère et original.

Je remercie les artistes qui m'ont confié certains de leurs «customs playmobilesques»: Lazoutte et ses magnifiques princesses du monde entier, Brubil, mon partenaire globe-trotter, Michael et Lydia alias MacGyver, spécialistes du XIXe siècle victorien, et Dewan Deader que je remercie pour son M.

Bonne lecture!

Richard Unglik

Les premiers maîtres de la Terre

Pendant 150 millions d'années, d'étranges animaux font la loi sur Terre : les dinosaures ! Certains sont de paisibles herbivores, d'autres de féroces carnivores. Certains marchent sur quatre pattes, d'autres courent sur deux pattes, certains nagent, d'autres volent... Présents sur tous les continents, ces « lézards terribles » dont on retrouve aujourd'hui les fossiles font rêver petits et grands !

UNE BRUTALE DISPARITION

À la fin du Crétacé, il y a 65 millions d'années, les dinosaures disparaissent de la surface de la Terre ! Quelle est la cause de leur extinction ? Peut-être la chute d'une gigantesque météorite, peut-être l'éruption d'un volcan géant, peut-être encore les deux... La poussière et l'obscurité envahissent le ciel, les plantes meurent et, avec elles, les herbivores puis les carnivores.

Sur la Terre débarrassée de ses géants, de petits mammifères survivent et peuvent enfin pointer le bout de leur nez.

Ainsi va commencer notre Histoire...

ÉVOLUTIONS, RÉVOLUTIONS

Au règne des dinosaures succède bientôt celui des mammifères. Cette classe d'animaux vertébrés va se développer en de multiples branches, dont celle des primates.

Il faudra encore quelques millions d'années d'une lente évolution pour que l'un de ces primates, sans doute un Playmopithèque particulièrement audacieux, décide de descendre de son arbre, de se redresser et de partir sur ses deux jambes à la conquête du monde.

Des milliers et des milliers d'années seront nécessaires pour savoir fabriquer les outils de pierre et maîtriser le feu... avant que n'apparaissent nos véritables ancêtres directs : les Playmo sapiens !

Playmo sapiens sapiens

CRO-MAGNON

Et voici nos ancêtres directs ! Les hommes de Cro-Magnon nous ressemblent trait pour trait : même aspect physique, même taille de cerveau, mêmes aptitudes... Bref, c'est nous... mais en moins bien habillés !

Le soir, autour du feu, ils se parlent dans une langue dont nous ignorons tout. Mais à l'abri des grottes, ils ornent les parois de peintures représentant les animaux qu'ils craignent ou qu'ils vénèrent.

C'est le début de la religion,

c'est le début de l'art,

c'est le début de la civilisation.

À LA CONQUÊTE DE LA NATURE

Fort de son intelligence, de sa maîtrise du feu, de sa capacité à fabriquer des armes et des outils, Playmo sapiens profite de la nature autour de lui. Pour survivre, il cueille les plantes et chasse les animaux.

Quand il chasse en groupe, il ne craint pas d'affronter l'imposant mammouth. Tout est bon chez lui ! Sa chair va procurer plusieurs jours de viande à la tribu ; son cuir sert à confectionner des vêtements ou des toiles de tente ; sa graisse alimente les lampes à huile ; ses os et ses défenses d'ivoire permettent de fabriquer des outils et même des bijoux !

L'aube de l'Histoire

Il y a 10 000 ans survient un bouleversement dans la vie des Hommes : de cueilleurs, ils deviennent cultivateurs ; de chasseurs, ils deviennent éleveurs ; de prédateurs, ils deviennent producteurs.

C'est la révolution agricole.

C'est au Proche-Orient que se répand la culture des céréales, puis celle des légumes. C'est là qu'on domestique les chèvres, les moutons… et celui qui va devenir « le meilleur ami de l'Homme » : le chien. La poterie et le tissage font leur apparition. Jusqu'alors nomades, les Hommes s'installent dans des villages. Ils deviennent sédentaires.

Vers la même époque, l'âge de la pierre s'achève. Lui succède celui des métaux. Le bronze, et plus tard le fer, permettent de fabriquer des armes et des outils plus solides et plus efficaces.

Les inventions se multiplient : la brique, la roue et les premières formes d'écriture révolutionnent la vie des Hommes.

La préhistoire s'éloigne. La grande aventure de l'Histoire peut vraiment commencer.

L'Égypte, don du Nil

Les premières civilisations de l'Antiquité sont toutes nées sur les rives des grands fleuves, là où les terres sont riches et fertiles.

Ainsi la civilisation de la Mésopotamie, entre le Tigre et l'Euphrate, la civilisation indienne sur les bords du Gange, la civilisation chinoise sur les rives du fleuve Jaune.
Et, il y a 6000 ans, l'Égypte des pharaons aux abords du Nil.

Fleuve majestueux long de 6400 kilomètres, source de vie mais aussi irremplaçable voie de communication, pour les Égyptiens, nul doute, le Nil est un dieu à vénérer...

La terre des pharaons

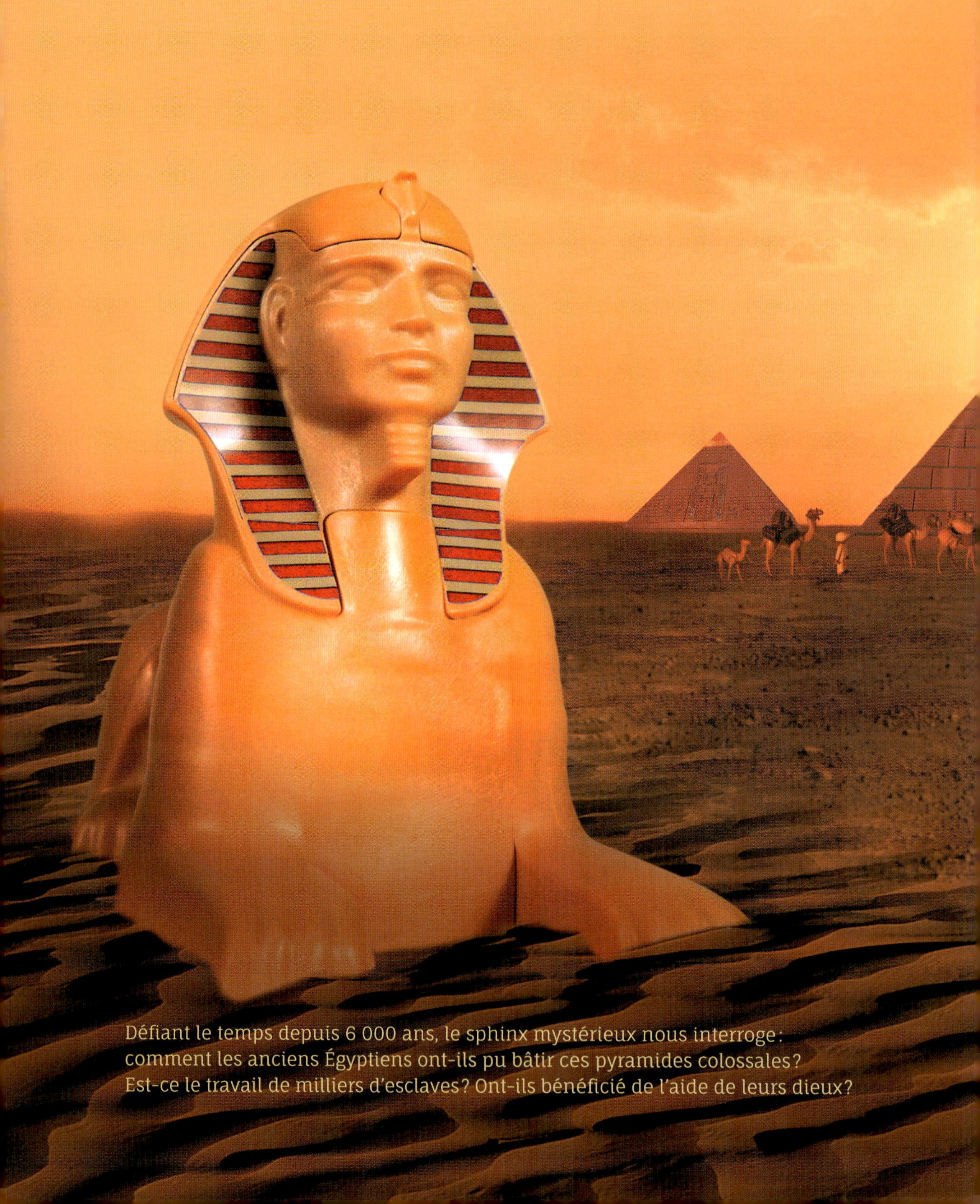

Défiant le temps depuis 6 000 ans, le sphinx mystérieux nous interroge : comment les anciens Égyptiens ont-ils pu bâtir ces pyramides colossales ? Est-ce le travail de milliers d'esclaves ? Ont-ils bénéficié de l'aide de leurs dieux ?

Dans l'Ancien Empire, chaque pyramide abrite le tombeau d'un pharaon, et d'un seul ! Souverain tout-puissant, le pharaon est considéré comme un dieu par son peuple. Lorsqu'il paraît en public, il porte une fausse barbe tressée qui est l'insigne de sa divinité et de son immortalité.

Étonnants architectes, adroits bâtisseurs, les Égyptiens sont aussi mathématiciens, médecins, astronomes, peintres et sculpteurs.

Le Livre des Morts

La vie de tous les Égyptiens est marquée par la religion. Isis, Osiris, Hathor, Horus ou Anubis sont les dieux qu'ils vénèrent dans les temples ou lors de processions. Du paysan au pharaon, chacun se préoccupe de préparer son voyage dans l'au-delà.

Ceux qui le peuvent apprennent les formules du *Livre des Morts* qui leur ouvriront les portes de l'éternité. Les plus riches rassemblent les objets ou les provisions qui les accompagneront au tombeau.

La mort venue, le corps de ces défunts fortunés est embaumé. Une fois vidé de ses organes, il est entouré de bandelettes, recouvert d'un masque et placé dans un ou plusieurs sarcophages. Sur les parois sont inscrits et dessinés des passages du *Livre des Morts*.

Ainsi commence le voyage dans l'éternité.

L'éveil de la Chine

La civilisation chinoise est apparue il y a 5000 ans dans la vallée du fleuve Jaune.

La Chine resta longtemps ravagée par des guerres entre royaumes rivaux. Jusqu'à ce que deux philosophes du Ve siècle av. J.-C., Confucius et Lao-Tseu, dénoncent cette violence et posent les fondations de la pensée chinoise.

Confucius appelle les Hommes à suivre une morale et à respecter l'ordre de la société, l'obéissance aux aînés, les droits des faibles, les devoirs des puissants. « Ne fais pas à autrui ce que tu ne voudrais pas qu'il te fasse. »

Lao-Tseu est contemporain de Confucius. *Lao* et *Tseu* signifient respectivement « vieux » et « nourrisson » : on raconte qu'à sa naissance, l'enfant avait déjà tellement réfléchi que ses cheveux étaient tout blancs !

Père fondateur du taoïsme, Lao-Tseu pense que le sage doit se détacher du monde et méditer dans la solitude.

En 221 av. J.-C., un prince tyrannique unifie le pays.

Bientôt, il prend le titre de Qin Shi Huangdi, Premier Empereur.

Le nom de sa dynastie, Qin, donnera son nom à ce nouvel empire : la Chine.

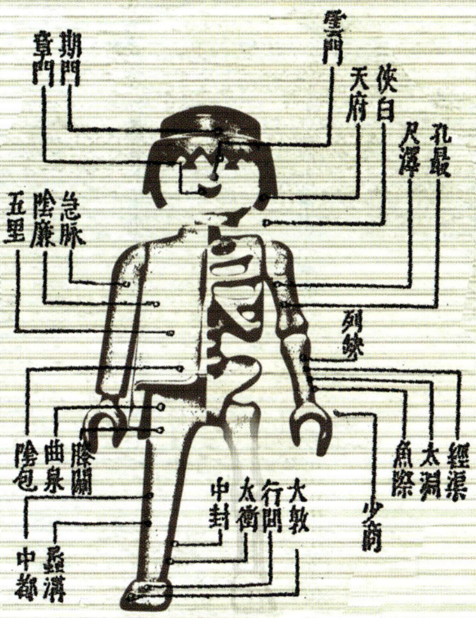

C'est aussi à cette époque qu'apparaît une médecine chinoise très originale, et toujours en usage : l'acupuncture.

L'acupuncteur connaît parfaitement l'anatomie. Pour soigner son patient, il utilise des aiguilles qu'il pique en des points précis, selon la douleur qu'il veut soulager ou la maladie qu'il veut guérir.

La Grande Muraille de Chine

La construction de la Grande Muraille a commencé au IIIe siècle av. J.-C. sous le règne du premier empereur de Chine, le terrible Qin Shi Huangdi.

L'objectif de cette immense fortification, longue de 6500 kilomètres, était de lutter contre les invasions des nomades mongols venus du nord.

Il s'agissait aussi de protéger les voyages des commerçants sur la route de la soie et le paisible travail des paysans dans les rizières.

Les Chinois maîtrisent la culture du riz depuis des milliers d'années. C'est aujourd'hui la céréale la plus utilisée comme aliment par l'Homme.

LA MYTHOLOGIE GRECQUE

Pour comprendre le monde, expliquer la vie et la mort, les Grecs ont imaginé un univers divin, supérieur à celui des Hommes. Ils vénèrent douze grands dieux immortels qui résident, pensent-ils, sur le mont Olympe.

Zeus est le maître de ces dieux. Armé de sa foudre, il décide de la destinée de chacun. Il prend conseil de son épouse, Héra, et de certains de ses enfants, mais à la fin, c'est lui qui choisit !

Athéna est sa fille préférée. N'est-elle pas sortie tout armée de sa cuisse ? Déesse de la sagesse, elle veille sur le monde, accompagnée de son inséparable chouette.

Quant à Poséidon, muni de son trident, c'est le dieu des mers et des océans.

La civilisation grecque est très brillante. Des philosophes, des mathématiciens, des poètes posent les bases de la science et de la culture, inventent une humanité nouvelle. Les citoyens grecs sont régulièrement consultés pour choisir ceux qui dirigeront leur cité : c'est la démocratie.

Les Grecs adorent se raconter des histoires, où la vie d'hommes héroïques se heurte parfois à la volonté des dieux. Leurs héros s'appellent Achille et Ulysse, vainqueurs de la guerre de Troie, Jason qui conquiert la Toison d'or, Thésée qui terrasse le Minotaure... et surtout Héraclès, le demi-dieu célèbre pour ses douze travaux.

L'Odyssée

Les Grecs ont gagné la guerre de Troie grâce à la ruse d'Ulysse: il a fait construire un grand cheval de bois, à l'intérieur duquel se sont cachés ses meilleurs soldats.

Quand les Troyens voient le cheval, ils pensent que c'est un cadeau des dieux et le font entrer dans leur cité. Pendant la nuit, les guerriers d'Ulysse sortent des flancs du cheval et ouvrent les portes au reste de l'armée grecque. Troie est anéantie.

Ulysse va mettre plus de dix ans pour regagner son île d'Ithaque, pendant lesquels il affrontera maints dangers: la férocité du cyclope, le chant des sirènes, la magie de Circé, les monstres marins... et la colère de Poséidon, le dieu de la mer, qui a juré sa perte.

Quand il arrive enfin dans son île d'Ithaque, il y découvre que des prétendants sans scrupules convoitent ses biens, son trône et son épouse. Aidé par son fils Télémaque, Ulysse châtie les prétendants et retrouve sa chère et fidèle épouse Pénélope.

La fondation de Rome

Selon la légende, Rome a été fondée en 753 av. J.-C.

Des frères jumeaux, Romulus et Rémus, ont été abandonnés sur les rives du Tibre et recueillis par une louve. Devenus adultes, ils décident de fonder une ville à l'endroit où ils ont été trouvés.

À la suite d'une dispute, Romulus tue son frère et devient le premier roi de Rome, «la ville de Romulus».

Le message de Romulus est clair: on ne conteste pas son autorité sans en payer le prix fort.

Dès son origine, Rome se révèle une cité conquérante. Sa puissance réside dans la discipline de son armée, la légion, renforcée de machines de guerre. Rome étend sans cesse son emprise sur de nouveaux territoires, soumet l'ensemble des cités d'Italie, puis celles de la Méditerranée.

La plupart des cités conquises acceptent leurs nouveaux maîtres, voyant dans la domination romaine un facteur de civilisation, mais d'autres résistent.

C'est le cas de Carthage.

Sous les ordres d'Hannibal, cette puissante cité du nord de l'Afrique tente d'envahir Rome avec une armée d'éléphants. Mais Rome repousse l'invasion et Carthage est vaincue, puis impitoyablement détruite.

Un festin gaulois

Quelle table ! Les Gaulois ont toujours aimé ripailler !

Ils se régalent de rôtis de sanglier, de poissons et même, déjà, d'escargots et de grenouilles !

Le tout est copieusement arrosé de cervoise, une sorte de bière : leur potion magique ! En Gaule, partager un repas, c'est déjà tout un art !

ALÉSIA

Nous sommes en 52 av. J.-C. Toute la Gaule a été envahie par les légions de Jules César. Toute ? Non ! Alésia, un camp d'irréductibles Gaulois commandés par Vercingétorix, résiste encore et toujours à l'envahisseur romain.

Mais cette fois, l'histoire se termine mal pour les Gaulois : au terme d'un long siège, Vercingétorix est obligé de se rendre. Il dépose ses armes aux pieds de César.

La Gaule devient alors une province romaine.

L'Empire romain

La mort de César en 44 av. J.-C. plonge Rome dans le chaos : pendant dix ans, différentes factions s'affrontent au cours d'une guerre civile.

C'est Octave, le fils adoptif de Jules César, qui sort vainqueur de ce conflit. Il commence par se débarrasser d'un encombrant rival : Marc Antoine, le maître de l'Orient romain, allié à la reine d'Égypte, la fameuse Cléopâtre. Devenu maître absolu, Octave se fait proclamer *Imperator*, empereur. Il prend alors le nom d'Auguste.

Auguste réforme en profondeur les structures de la ville de Rome : il met sur pied une armée permanente, organise des services de police et de pompiers, crée un réseau de relais de poste, détruit les quartiers insalubres pour faire place à de nouvelles demeures. À tel point qu'on dit de lui : « Il a trouvé une Rome de briques et laissé une Rome de marbre ! »

Sous le règne d'Auguste, on construit des aqueducs pour alimenter Rome en eau potable, on bâtit des temples, des forums, des théâtres, des cirques et des bains publics...

Rome prend définitivement le visage impérial qu'on lui connaît.

TIBÈRE

CALIGULA

Après Auguste, de nombreux empereurs se succèdent sur le trône.

Certains, comme Caligula ou Néron, laisseront dans l'Histoire le souvenir détestable d'hommes fous et sanguinaires.

D'autres, comme Hadrien ou le philosophe Marc Aurèle, porteront la civilisation romaine à son apogée.

NÉRON

HADRIEN

MARC AURÈLE

GLADIATEURS !

Rome domine le monde.

De la Grande-Bretagne à la Judée, du Danube jusqu'au Sahara, nous sommes dans l'Empire romain.

Sa langue – le latin –, ses lois, son architecture, sa culture sont partagées par tous et semblent éternelles. C'est la *Pax romana*, la Paix romaine.

Mais enivré par tant de puissance, l'Empire romain sombre peu à peu dans la décadence. Dans les amphithéâtres, la foule se régale de spectacles d'hommes qui s'affrontent.

Parfois, ce sont des condamnés, voleurs ou déserteurs, parfois de paisibles chrétiens que l'on donne en pâture aux fauves.

Du pain et des jeux, voilà ce que réclament les Romains...

Constantin

Trois siècles sont passés depuis la crucifixion de Jésus.

Trois siècles durant lesquels les premiers chrétiens ont dû se cacher pour échapper aux persécutions.

À présent, ils forment une importante communauté qu'il faut ménager. L'empereur Constantin Ier en a bien conscience et il décide en 313 d'autoriser leur religion. Quelques années plus tard, il se convertit lui-même au christianisme !

C'est ainsi que le christianisme, né humblement dans une petite région de la Méditerranée, devient prépondérant dans tout l'Empire romain.

Les grandes invasions

Pendant que l'Empire romain se sent à l'abri pour l'éternité vivent au-delà de ses frontières d'autres peuples, si nombreux que les Romains préfèrent les appeler tous du même nom : les Barbares !

Ce sont les Huns, les Wisigoths et les Ostrogoths, les Francs, les Alamans, les Burgondes, les Vandales, les Angles, les Saxons…

Au Ve siècle, plusieurs de ces peuples traversent le Danube et le Rhin, déferlent sur tout l'empire et pillent Rome. La Ville éternelle est détruite en 476 et son dernier empereur, Romulus Augustus, est chassé.

Qui aurait pu imaginer cela ? C'est la fin de huit siècles de *Pax romana*.

Les Barbares se divisent la dépouille de l'Empire romain en autant de royaumes rivaux : les Wisigoths s'installent en Espagne, les Alamans, les Francs et les Burgondes demeurent en Gaule, les Vandales se fixent en Afrique du Nord, les Angles et les Saxons occupent les îles Britanniques.

Partout, la violence et le chaos dominent.

Certains moines se réfugient alors loin des villes en ruines.

Ils emportent avec eux ce qui reste de la culture et du savoir romains, sauvant ainsi ce qu'ils peuvent de la civilisation en miettes.

C'est le début d'un Moyen Âge qui va durer mille ans...

Dans les monastères

Loin des tumultes du monde, les moines ont trouvé refuge dans des monastères.

Leur règle de vie est stricte et sévère : on prie et on travaille.

Dans le *scriptorium*, ces moines recopient patiemment, lettre après lettre, les textes grecs ou latins de leurs ancêtres.

L'Europe est alors majoritairement analphabète. Mais ces moines ne veulent pas que soient perdues les grandes pages de la Bible et les connaissances scientifiques, techniques, architecturales, médicales...

Ainsi préservé, tout ce savoir sera redécouvert plus tard.

L'Arabie des caravanes

Pendant que l'Europe semble sommeiller dans le Moyen Âge,
le jour est sur le point de se lever en Orient...

L'Arabie est le carrefour entre l'Asie, l'Afrique et l'Europe.

De riches caravanes y arrivent de Chine et d'Inde chargées de soie, d'épices et de pierres précieuses, ou bien d'Afrique avec de l'or et des esclaves.

Lieu de rencontres et d'échanges entre les peuples, l'Arabie poursuit elle aussi l'Histoire de la civilisation.

À la cour du calife

La somptueuse cour du calife de Bagdad est devenue le cœur du monde arabe. On vient de partout pour y commercer, étudier ou bien échanger des idées dans la célèbre Maison de la Sagesse. C'est là, par exemple, que des savants indiens enseignent le zéro et les chiffres que nous appellerons bientôt « arabes ».

À Bagdad, chacun connaît les plus célèbres récits des *Mille et Une Nuits*, tels qu'ils ont été racontés par Shéhérazade, la fille du grand vizir : *Aladin ou la Lampe merveilleuse*, *Ali Baba et les Quarante Voleurs*...

Charlemagne

Qui est-il vraiment, cet empereur « à la barbe fleurie », coupable, nous dit-on, d'avoir inventé l'école ? Né en 742, mort en 814, c'est le plus célèbre représentant de la dynastie des Carolingiens. Il s'appelle Charles, tout simplement, mais sa gloire est telle qu'on le surnomme Charles le Grand (en latin *Carolus Magnus*, c'est-à-dire Charlemagne).

Charles est le fils de Pépin le Bref, roi des Francs. Pendant son règne, il agrandit sans cesse son royaume, d'abord vers l'Italie, ensuite vers l'Allemagne. En revanche, il échoue en Espagne, abandonnant son neveu Roland à son triste sort à Roncevaux. Très chrétien, Charlemagne soutient le pape contre ses adversaires. En guise de remerciement, celui-ci le couronne « empereur d'Occident », le jour de Noël de l'an 800. C'est le premier empereur depuis la fin de l'Empire romain !

Dans sa capitale d'Aix-la-Chapelle, il se fait construire un magnifique palais et crée une école où sont formés les futurs administrateurs de son empire. Il s'entoure aussi des plus grands savants de son temps : il les encourage à rédiger l'histoire de son règne et à remettre à l'honneur les écrits des Anciens. Des textes qu'il se fait lire, car Charlemagne ne sait ni lire, ni écrire !

Les Vikings

Qu'ils sont téméraires, ces Vikings qui bravent les mers sur leurs magnifiques drakkars !

Peu avant l'an mil, Erik le Rouge est banni d'Islande.

Avec quelques compagnons, ce marin intrépide fait cap vers l'ouest.

Il découvre une terre glacée qu'il nomme Groenland, « la terre verte », car il espère y attirer de nombreux colons !

Quelques années plus tard, le fils d'Erik le Rouge, Leif Erikson, poursuit l'aventure.

Toujours plus à l'ouest, il découvre quelques terres et des indigènes presque nus ou couverts de plumes. Il ne peut pas savoir qu'il vient de parvenir en Amérique, cinq siècles avant Christophe Colomb !

GUILLAUME LE CONQUÉRANT

Les Vikings se sont installés en France.

Terrorisé par leurs raids, le roi Charles le Gros leur a offert l'une de ses plus riches régions. Et comme ces Vikings viennent du nord, on appellera désormais cette région la Normandie.

Guillaume est le duc de Normandie.

Mais ça ne lui suffit pas : il aimerait aussi être roi d'Angleterre à la place d'Harold.

Les bateaux de Guillaume traversent la Manche...

À la bataille d'Hastings en 1066, l'armée d'Harold est taillée en pièces !

Guillaume fait construire une flotte…

Les chevaliers normands débarquent en Angleterre…

Guillaume est couronné roi d'Angleterre. Et ce sera la toute dernière fois qu'un conquérant parvient à envahir l'Angleterre !

C'est l'histoire de cette conquête que raconte la célèbre tapisserie de Bayeux, comme une bande dessinée tissée de plus de 70 mètres de long.

Le temps des châteaux forts

Pour résister aux invasions et aux razzias qui ravagent la France, les seigneurs édifient sur des promontoires d'imposants châteaux forts.

Un fossé profond, d'épaisses murailles, de hautes tours, un pont-levis et des créneaux protègent le donjon, demeure du seigneur et de sa famille.

Les seigneurs organisent souvent des tournois. Chaque participant vient y prouver sa valeur, son adresse et sa bravoure.

Dans la tribune, dame Aliénor lève la main. C'est le signal. Les deux cavaliers en lice éperonnent furieusement leurs destriers et, dans un galop terrible, foncent lance en avant pour le premier assaut...

Arthur
et les chevaliers de la Table ronde

Au Moyen Âge, troubadours et ménestrels sont des hommes très recherchés.

Ce sont des conteurs. Ils voyagent de château en château pour raconter les aventures de preux chevaliers et de douces princesses.

L'histoire du roi Arthur et des chevaliers de la Table ronde est leur préférée. L'Angleterre n'avait plus de roi.

Les légendes affirmaient que celui qui réussirait à desceller l'épée Excalibur de son rocher serait l'élu.

Les plus nobles chevaliers tentèrent en vain l'épreuve.

Un jeune écuyer parvint à extraire l'épée. Il s'appelait Arthur.

Il devint roi et épousa la belle Guenièvre.

Aidé de Merlin l'Enchanteur, et malgré les malédictions de la fée Morgane, Arthur réunit les meilleurs chevaliers de l'époque.

Ils se retrouveront autour d'une table ronde, symbole d'égalité.

Ensemble, ils vont vivre mille aventures, affronter maints dangers en tentant de retrouver le Graal, la coupe mythique de la légende arthurienne.

Les croisades

Au XIe siècle, l'Europe chrétienne sort peu à peu de son isolement. Craignant que les Arabes ne les empêchent de se rendre en pèlerinage à Jérusalem, les chrétiens se lancent dans la reconquête de la Terre sainte.

Ce sont les croisades.

En 1095, le pape Urbain II prêche la première croisade, promettant le pardon de leurs péchés et le paradis à tous ceux qui partiront délivrer le tombeau du Christ.

Toute la chevalerie occidentale répond à l'appel et prépare fiévreusement l'expédition.

Dans le même temps, un moine nommé Pierre l'Ermite conduit une «croisade de pauvres gens».

La croisade des pauvres gens n'arrivera jamais jusqu'à Jérusalem : mal préparée, désorganisée, elle sera écrasée en chemin.

La croisade des chevaliers, mieux équipée, conquiert Jérusalem en 1099.

Deux siècles d'expéditions vont suivre !

Grâce aux succès des premières années, les croisés créent en Orient des États nouveaux, élèvent des châteaux.

Pendant ces deux siècles de croisades, les chrétiens découvrent en Orient une civilisation très raffinée dont ils n'avaient pas idée.

Ils reviendront en Europe forts de nouvelles connaissances en mathématiques, en astronomie, en géographie, en médecine...

Autant de techniques et de sciences sans lesquelles jamais l'Europe n'aurait pu émerger de son Moyen Âge.

Jeanne d'Arc

À la fin du Moyen Âge, le royaume de France est en conflit avec le roi d'Angleterre.

C'est la guerre de Cent Ans.

Alors que la France, envahie de toute part, semble avoir perdu la partie, une jeune paysanne, Jeanne d'Arc, va trouver le roi Charles VII : elle lui annonce qu'elle a entendu des voix lui demandant de libérer la ville d'Orléans et de chasser les Anglais hors de France.

Charles VII lui confie le commandement d'une armée.

Intrépide et courageuse, Jeanne sait se faire obéir de rudes chevaliers, comme les terribles Gilles de Rais, La Hire ou le duc d'Alençon.

Et le 8 mai 1429, Jeanne libère Orléans.

Mais en 1431, alors qu'elle combat devant Paris, elle est capturée par des alliés des Anglais, jugée comme sorcière et condamnée à être brûlée vive sur la place du Marché, à Rouen.

La Peste noire

Pénitence ! Pénitence !

Priez, braves gens, car l'Apocalypse et le Jugement dernier approchent !

Depuis cette maudite année 1347 qui a vu la peste débarquer dans le port de Gênes, personne n'est épargné par le mal : princes et valets, moines, gueux et chevaliers, tous meurent dans d'affreuses souffrances.

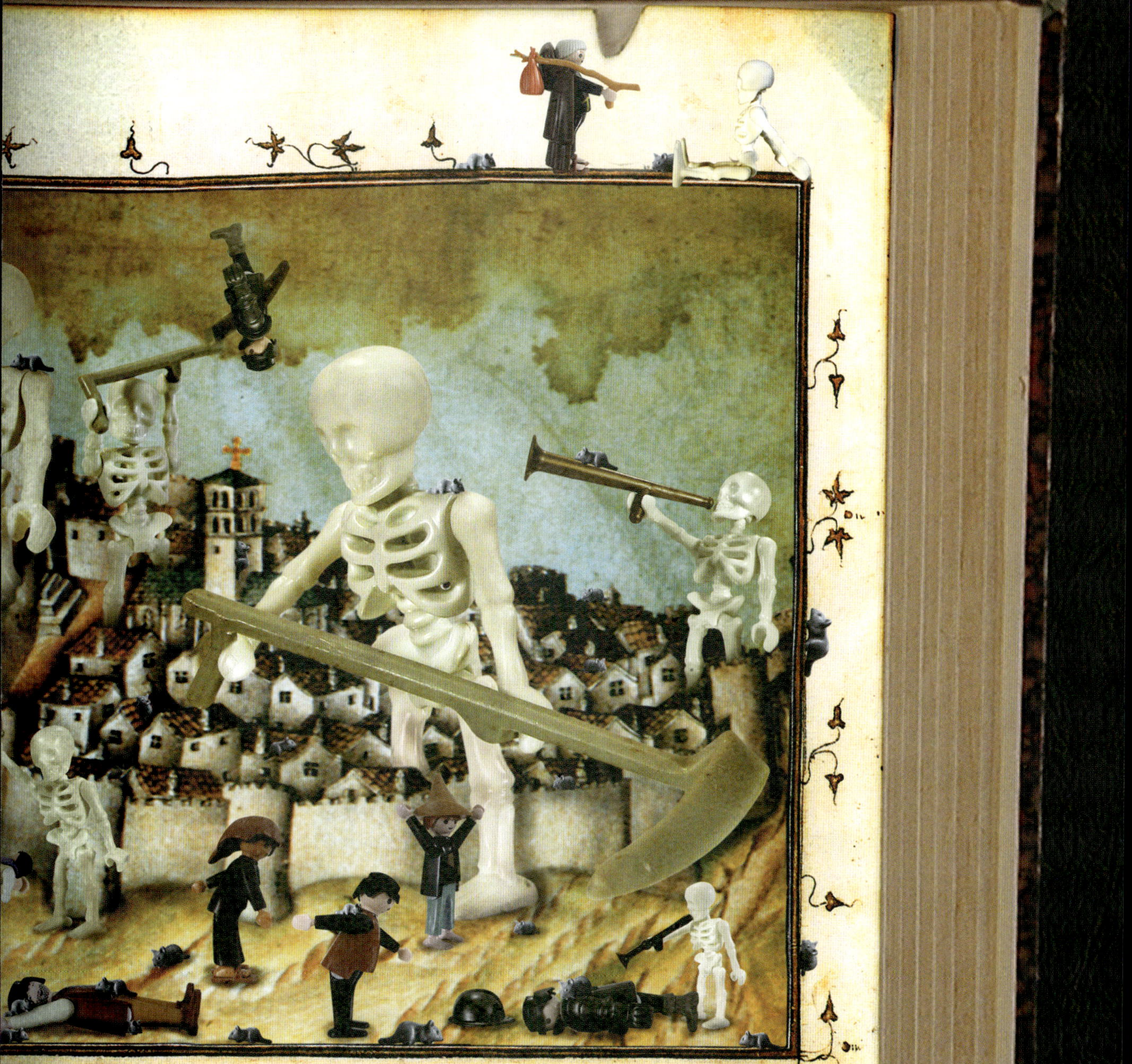

De larges bubons noirs recouvrent le corps, la gorge et les poumons s'enflamment, le malade vomit du sang et, en moins d'une semaine, le pestiféré meurt abandonné de sa famille et de ses amis, qui fuient la contagion.

Dans toute l'Europe, c'est le chaos.

Rien n'arrête l'épidémie.

En cinquante ans à peine, un tiers du monde chrétien meurt de la Peste noire.

L'Empire mongol

Depuis des siècles, des tribus nomades sillonnent l'immense steppe qui s'étend de l'Europe à la Chine.

Ce sont les Mongols.

Au XIIe siècle, avec Gengis Khan à leur tête, ils conquièrent l'un des plus vastes empires de l'Histoire.

C'est leur expérience des troupeaux de chevaux sauvages qui fait des Mongols des adversaires si redoutables : ils en capturent des milliers qu'ils domptent en quelques jours avec force et adresse.

Pendant une bataille, les Mongols utilisent à merveille ces petits chevaux légers. Armés d'arcs et d'épées, les cavaliers tournent autour de leurs adversaires, les harcèlent, les effraient à tel point qu'ils les obligent à prendre la fuite sans même engager le combat !

C'est ainsi que les Mongols, pourtant beaucoup moins nombreux, se rendront maîtres de l'immense Chine.

Marco Polo en Chine

Au XIIIe siècle, au terme d'un périple de quatre ans à travers l'Asie, le jeune marchand vénitien Marco Polo rencontre enfin Kubilaï Khan, l'empereur de Chine, le descendant de Gengis Khan.

Pendant plus de vingt ans, Marco Polo sillonne la Chine et y découvre des choses inconnues pour lui.

De retour à Venise, il raconte ce qu'il a vu dans *Le Livre des merveilles*: mille palais recouverts d'or, des charrettes de soie, des animaux fabuleux, des aliments étranges et même du papier imprimé qui sert de monnaie!

Mais personne ne le croit...

Gutenberg
invente l'imprimerie

Jusqu'au XVe siècle, les livres sont écrits à la main sur du parchemin. Ils coûtent très cher et seuls les plus riches peuvent en posséder.

Vers 1450, en Allemagne, Johannes Gutenberg imagine un procédé permettant de reproduire un grand nombre de fois un texte ou une gravure.

Il met au point l'emploi de caractères mobiles en plomb et l'utilisation de la presse à vis pour imprimer le papier.

L'imprimerie est née.

L'invention de Gutenberg a un immense succès et, dès la fin du XVe siècle, on trouve une imprimerie dans chaque grande ville d'Europe.

Le livre devient accessible à tous ceux qui savent lire.

L'élan intellectuel est phénoménal.

Le Moyen Âge se termine.

Borée
Vinland
Florida
Cuba
Azteca
Tenochtitlan
Antillia
la Nina
la Santa-Mar
Maya
Zéphyr
Nuévo Mundo di Amerigo
Peru
Inca
El Dorado
Brazil
Pacifico
Patagonia
Auster
Inferno

Christophe Colomb découvre l'Amérique

La Terre est ronde. Aujourd'hui, tout le monde le sait! Mais au XVᵉ siècle, cela ne va pas de soi. Christophe Colomb, lui, en est convaincu; il persuade le roi et la reine d'Espagne de lui confier trois bateaux pour rejoindre la Chine et les Indes en passant par l'ouest.

1492. Après trente-trois jours d'une angoissante traversée, un cri d'espoir retentit de la vigie: «Tierra!» Colomb est persuadé qu'il est arrivé aux Indes et appelle «Indiens» les paisibles indigènes qui l'accueillent. Mais où sont l'or, les palais, les épices et les soieries décrits par Marco Polo? Il n'y a ici que d'étranges choses que l'Europe va bientôt découvrir: le cacao, le café, le tabac, le caoutchouc, le maïs, le hamac et tant d'étonnants animaux...

Il faut bientôt se rendre à l'évidence: ce pays de l'autre côté de l'Atlantique n'est ni la Chine ni les Indes.

C'est un nouveau continent, un «Nouveau Monde»...

Les grandes découvertes

Les succès de Christophe Colomb donnent des idées à bien des souverains, et des fourmis dans les jambes à tous les marins !

Chacun se penche sur les récits de voyage et cherche à se procurer les nouvelles cartes marines. Mais celles-ci sont précieuses : elles deviennent des secrets d'État. Les divulguer est passible de la peine de mort.

Au début du XVIe siècle, les monarques d'Europe regardent vers l'Amérique : Charles Quint vers le sud, François Ier vers le nord, où il envoie l'expédition de Jacques Cartier. Quant aux Anglais, Henri VIII puis sa fille Élisabeth Ire préfèrent s'assurer la supériorité navale.

Les instruments de navigation font d'énormes progrès : gouvernail, sextant, boussole, tout s'améliore !

Que cherchent vraiment les Européens au-delà des océans ? Des empires à conquérir ? Des « sauvages » à civiliser ? Des païens à convertir au christianisme ? À moins qu'il ne s'agisse de s'emparer de montagnes d'or et d'argent...

Quelques penseurs et savants cherchent heureusement autre chose : ils ont compris que la Terre est riche de sa diversité et que la découverte du Nouveau Monde va permettre de connaître de nouvelles civilisations, de nouvelles formes d'art et aussi des plantes, des animaux, des fruits et légumes inconnus en Europe.

Magellan

Le Portugais Fuñao de Magalhães (Fernand de Magellan) reprend l'idée d'atteindre les Indes par l'ouest, en contournant cette fois le continent découvert par Christophe Colomb. Son pays refusant de financer l'expédition, il se met au service du roi d'Espagne.

Il quitte l'Europe en août 1519 avec 5 navires et 265 hommes, double le cap Horn au milieu des tempêtes et pénètre dans un océan si calme qu'il le nomme «Pacifique».

L'expédition atteint les Indes en janvier 1521, mais sans Magellan, qui est tué aux Philippines par des indigènes. En 1522, un seul navire avec dix-huit marins revient en Europe. Mais le premier tour du monde est ainsi réalisé, prouvant par la même occasion que la Terre est ronde.

Les conquistadores

Attirés par la gloire et la richesse, des aventuriers espagnols se lancent à l'assaut du nouveau continent. Ce sont les conquistadores.

Barbus, brandissant des armes à feu et montant des chevaux, ils n'ont pas de mal à se faire passer pour des dieux auprès des Indiens apeurés.

C'est ainsi que Cortés soumet en 1521 l'immense Empire aztèque avec seulement quatre cents hommes, et que Pizarro anéantit l'Empire inca dix ans plus tard.

Les Indiens sont convertis de force et réduits en esclavage. Pillages, massacres et destructions accompagnent la chute des empires précolombiens.

Les corsaires

Chacun le sait, il ne faut pas confondre les pirates avec les corsaires.

Les premiers s'attaquent aux navires pour leur seul profit personnel. Les seconds sont de nobles marins qui ont pour but d'enrichir leur pays et d'assurer la gloire de leur monarque.

Le corsaire le plus célèbre de l'Histoire est l'Anglais Francis Drake. Entre 1572 et 1580, il s'empare avec audace de nombreux navires espagnols pour le compte de *Her Majesty the Queen*, Élisabeth Ire d'Angleterre. Il emporte des dizaines de sacs d'or, d'argent et de pierres précieuses tout droit venus des colonies du Nouveau Monde.

Honneur rare, la reine vient l'accueillir à son retour, monte à bord de son navire et anoblit le corsaire, qui devient sir Francis Drake !

Léonard de Vinci

Léonard de Vinci était un artiste et un inventeur génial, à l'imagination débordante. Il est né en 1452 au cœur de la Renaissance italienne, dans la petite ville de Vinci, proche de Florence.

Léonard fit d'innombrables croquis d'oiseaux dans l'espoir de découvrir le secret de leur vol. Car son rêve fou était d'inventer une machine volante. Il appelait ses engins «avions», du latin *avis*, qui veut dire «oiseau». Le mot a traversé les siècles...

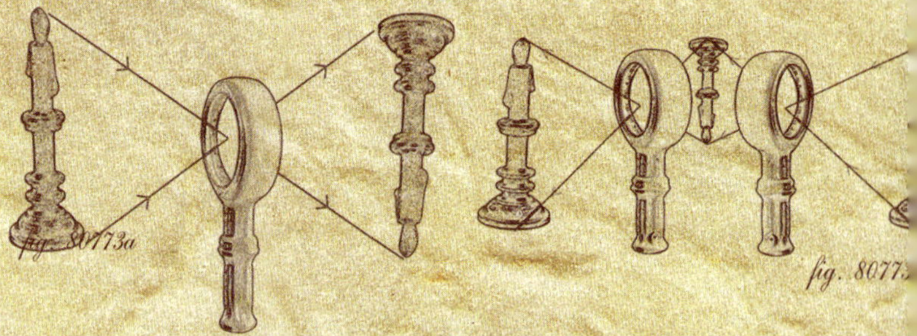

fig. 8077a

fig. 8077

Sa curiosité et son imagination s'étendaient à tous les domaines: étude des propriétés de l'optique, invention de nouvelles machines de guerre, description scientifique d'animaux imaginaires...

fig. 1418c

fig. 3945b

Autre passion de Léonard : l'anatomie. Comme l'étude du corps humain était interdite par l'Église, il examinait en secret des cadavres qu'il déterrait la nuit dans les cimetières.

À partir de ses travaux, il fit les premières descriptions réellement scientifiques du corps humain :

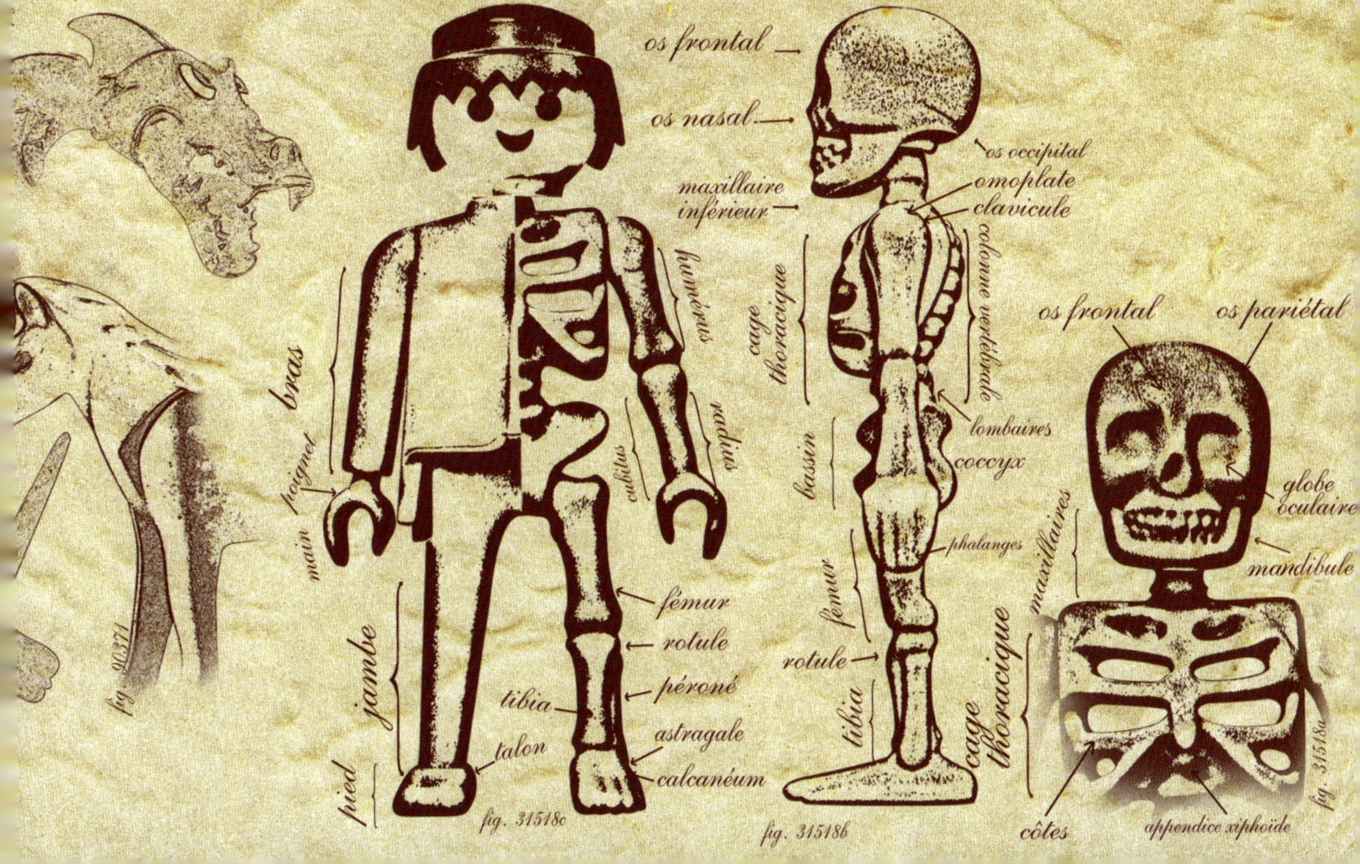

La Joconde

Aux XVe et XVIe siècles, les artistes italiens révolutionnent la peinture.

Les couleurs deviennent plus vives grâce à l'utilisation de la peinture à l'huile, et on ne peint plus seulement sur les murs mais sur des panneaux de bois et des toiles. Les tableaux deviennent ainsi transportables.

On découvre aussi les lois de la perspective. Les sujets peints changent également : moins de représentations religieuses ! Place à l'humain ! Place aux paysages !

La renommée des artistes italiens dépasse les frontières. Beaucoup sont invités par les rois ou les princes d'Europe.

Ainsi, en France, le roi François Ier accueille à sa cour le peintre Léonard de Vinci, dont il admire la *Joconde*.

Qui est donc cette jeune femme, dont le sourire énigmatique va devenir célèbre dans le monde entier ? Très probablement une certaine Lisa Gherardini, épouse du gentilhomme florentin Francesco del Giocondo. C'est en 1503 que Léonard de Vinci réalise son portrait.

La Renaissance

Un nouveau monde à explorer, des livres imprimés à lire, des textes anciens à redécouvrir, des nouveautés scientifiques et techniques à exploiter, de nouvelles philosophies à expérimenter… Et tant de révolutions artistiques en architecture, en peinture, en littérature, en poésie…

Nul doute qu'un Homme nouveau vient de naître !

On appelle cet Homme « humaniste », car il place l'humain au centre de toute chose. Ce XVIe siècle si florissant sera celui de la « Renaissance », et d'immenses artistes comme Michel-Ange en seront les ambassadeurs.

Don Quichotte de la Manche

L'écrivain espagnol Miguel de Cervantès écrit son chef-d'œuvre entre 1605 et 1615.

Accompagné dans ses aventures par son écuyer Sancho Pança, un paysan obsédé par la nourriture, Don Quichotte est un gentilhomme de la noblesse espagnole, un hidalgo.

Il rêve d'égaler la bravoure des chevaliers des temps passés.

Armé d'une broche à rôtir et casqué d'une vieille casserole, Don Quichotte part combattre le mal sur sa jument, Rossinante, et voit dans chaque paysanne une princesse à délivrer, et dans chaque moulin un monstre à terrasser!

Au théâtre de Shakespeare

On connaît mal la vie de William Shakespeare, génial auteur anglais du début du XVIIe siècle.

Si mal que certains pensent que ses plus belles pièces n'ont pas été écrites par lui !

Qu'importe ! Car elles enchantent encore aujourd'hui les spectateurs du monde entier.

Hamlet, écrit en 1600, raconte comment un jeune prince du Danemark venge la mort du roi son père, assassiné par son propre frère.

« Être ou ne pas être, voilà la question... »

Roméo et Juliette est une belle histoire d'amour qui finit mal. L'intrigue se passe à Vérone, en Italie. Les deux jeunes gens s'aiment à la folie mais leurs deux familles, les Montaigu et les Capulet, se détestent et leurs pères leur interdisent de se marier. Ils préfèreront mourir plutôt que de renoncer à leur passion.

La lunette de Galilée

Le 7 janvier 1610, Galilée tourne vers la Lune l'extraordinaire objet qu'il vient d'inventer : la lunette astronomique.

C'est un émerveillement. En une seule nuit d'observation, voilà mille ans de certitudes qui s'effondrent : la Lune n'est pas une boule lisse et parfaite, polie comme du cristal. C'est une sphère accidentée, irrégulière, recouverte de cratères, de vallées et de montagnes.

Galilée est bouleversé par cette découverte.

Nuit après nuit, il tourne sa lunette vers les étoiles. Nouvelle surprise, la Voie lactée n'est pas une traînée de lait laissée par le sein d'une déesse, mais un gigantesque amas de milliards d'étoiles.

Galilée ira plus loin. Comme Copernic, il osera affirmer que le Soleil est au centre de notre univers. Mais l'Église n'est pas prête à admettre pareille théorie : en 1633, elle condamne le savant et l'oblige à avouer qu'il s'est trompé.

La pomme d'Isaac Newton

Nous sommes en 1666 en Angleterre.

Isaac Newton observe la chute d'une pomme. Physicien, philosophe, astronome et mathématicien de génie, il se demande pourquoi cette pomme descend verticalement, pourquoi elle n'emprunte pas une autre trajectoire, et pourquoi il ne peut en être autrement.

Il tire alors de cette observation les lois de la gravitation universelle. Ce sont des lois scientifiques fondamentales, car elles expliquent l'attraction entre tous les corps de l'univers, et de quelle façon les objets se déplacent sur Terre comme dans l'espace.

Avec cette découverte, Isaac Newton devient l'un des plus grands scientifiques de tous les temps.

Les lumières du Nord

La Renaissance est née en Italie, mais elle brille aussi dans le Nord. Les Pays-Bas (qu'alors on appelle les Provinces-Unies) en sont un bel exemple.

La jeune république est divisée entre protestants, au nord, et catholiques, au sud. Mais peu importe, tous s'enrichissent grâce à un commerce florissant et à l'une des flottes marchandes les plus importantes au monde. La ville d'Amsterdam est active comme une fourmilière.

De brillants intellectuels, comme le philosophe Spinoza, influencent tous les penseurs d'Europe.

Et dans la ville de Delft, le peintre Johannes Vermeer peint des toiles délicates dont les femmes de son entourage sont les héroïnes : la laitière, la dentellière et la mystérieuse jeune fille à la perle...

La leçon d'anatomie

Au début du XVIe siècle, en Europe, disséquer un corps humain est toujours interdit par l'Église, qui considère comme un sacrilège cette pratique pourtant indispensable pour comprendre les mécanismes de notre organisme.

Mais aux Pays-Bas, où les idées nouvelles ont droit de cité, les séances de dissection sont parfois tolérées.

Plutôt que d'enseigner l'anatomie en partant des textes des Anciens, les maîtres en médecine l'étudient avec leurs disciples sur des cadavres de condamnés à mort qu'on vient d'exécuter, comme le montre un célèbre tableau de Rembrandt.

Peu à peu, les dissections deviendront fréquentes et feront faire de grands progrès à la médecine.

À bord du Mayflower

1620. Depuis plus d'un siècle, l'Europe se déchire dans d'atroces guerres religieuses qui opposent catholiques et protestants.

Un groupe de colons anglais très pieux, les Pères pèlerins, ont embarqué sur le *Mayflower*. Ils sont en quête d'une terre vierge où ils pourront pratiquer librement leur culte.

Direction la Terre promise ! Direction l'Amérique !

Les passagers du *Mayflower* sont les premiers colons à s'installer sur le territoire qui deviendra plus tard les États-Unis d'Amérique.

La France de Richelieu

Quand le roi Henri IV est assassiné en 1610, son fils Louis XIII n'est âgé que de neuf ans. Sa mère assure la régence avec l'aide d'un puissant ministre : le cardinal de Richelieu.

Devenu adulte, Louis XIII ne se sépare pas du cardinal. Bien au contraire ! Il s'appuie sur lui afin de restaurer la grandeur du royaume, augmenter les impôts, mettre au pas les nobles et affaiblir les protestants.

Pour cela, Richelieu n'hésite pas à employer la force. Très impopulaire, il bénéficie d'une garde d'élite à son service personnel ou à celui du roi : les mousquetaires. Ce sont ces soldats qu'Alexandre Dumas immortalisera dans son roman *Les Trois Mousquetaires.* Depuis lors, le monde entier connaît les exploits (imaginaires) de Porthos, Athos, Aramis et d'Artagnan.

À Versailles

Au milieu du XVIIe siècle, Versailles n'est qu'un village en bordure de forêt où le roi Louis XIII a fait bâtir un pavillon de chasse. Cinquante ans plus tard, c'est la capitale du royaume de France, avec pour joyau le splendide palais que Louis XIV, le Roi-Soleil, a fait aménager !

Dans la galerie des Glaces qui traverse le château, le roi reçoit les ambassadeurs étrangers, fait défiler ses courtisans et donne de grandes fêtes, où quelques belles marquises espèrent être remarquées.

Un grand siècle que celui de Louis XIV !

Les fables de Jean de La Fontaine

Avant d'être le génial fabuliste que l'on sait, Jean de La Fontaine travaille auprès de son père comme maître des eaux et forêts.

Lors de ses tournées, il observe les animaux. Cela l'inspire pour écrire des fables, de courts contes en vers qui mettent en scène des animaux dont les défauts rappellent ceux des Hommes.

Derrière le renard se cache le flatteur courtisan, et derrière le corbeau, on devine le noble flatté et dupé.

Molière

Avec sa troupe, L'Illustre Théâtre, Jean-Baptiste Poquelin, dit Molière, donne à la comédie ses lettres de noblesse. Soutenu par Louis XIV, il doit pourtant faire face à l'hostilité des marquis de la cour et des hommes d'Église, qui redoutent ses critiques.

Avec sa maîtrise parfaite de l'art de faire rire, Molière incarne des personnages passés à la postérité avec leurs défauts et leurs petitesses : tous les bourgeois gentilshommes du monde se reconnaîtront dans Monsieur Jourdain, tous les misanthropes dans Alceste, toutes les coquettes dans la précieuse Célimène, tous les hypocrites dans Tartuffe, tous les malades imaginaires dans Argan, et tous les avares et les avaricieux dans Harpagon ! « Hélas, mon pauvre argent, mon pauvre argent, mon cher ami, on m'a privé de toi. »

Dom Pérignon invente le champagne

Certes, le siècle de Louis XIV est celui de Versailles, de Molière, de La Fontaine... mais la France serait-elle vraiment la France sans son champagne?

Nous devons ce noble breuvage à un moine bénédictin: Dom Pérignon. Il observe que le froid polaire qui s'abat sur l'Europe à cette époque modifie la fermentation des raisins, faisant apparaître des bulles.

Dom Pérignon, dont les talents d'œnologue étaient déjà reconnus, réussit, à force de travail acharné, à transformer ce vin de Champagne bon à jeter en une boisson raffinée, faite pour la fête ou la victoire.

Les villes des Lumières

Lieu de rencontre sans égal, les villes du XVIIIe siècle voient naître et mûrir des idées nouvelles : celles des Lumières. Des philosophes tels que Voltaire ou Rousseau répandent dans la société des mots révolutionnaires : liberté, égalité, fraternité...

La Venise de Casanova

On l'appelle la «Sérénissime», la «Reine de l'Adriatique» ou la «Cité des Doges»… Venise, située sur une centaine d'îles séparées par un réseau de canaux et reliées par des ponts, éblouit les visiteurs depuis le Moyen Âge.

Du XVIe au XVIIIe siècle, elle accueille d'immenses artistes. Des peintres comme Titien, Véronèse ou Tintoret, des musiciens comme Antonio Vivaldi… et de sulfureux aventuriers comme Giacomo Casanova. Et chaque année, au mois de février, les Vénitiens costumés et masqués succombent au charme du carnaval. Incognito, les galants peuvent alors glisser des mots doux à la dame de leur cœur.

La Flûte enchantée

Enfant prodige, Mozart compose ses premiers morceaux à l'âge de sept ans. Symphonies, concertos, sonates, messes et opéras : pendant sa brève existence, il offre à la musique des œuvres inoubliables.

La Flûte enchantée, le dernier de ses opéras, raconte l'histoire du prince Tamino, chargé par la Reine de la Nuit et avec l'aide de l'oiseleur Papageno de sauver sa fille Pamina, retenue prisonnière par Sarastro, un homme diabolique.

Mais le méchant n'est pas celui qu'on croit ! Si Sarastro a enlevé Pamina, c'est pour l'éloigner de sa terrible mère. Grâce à sa flûte magique, Tamino dénoue la situation et épouse Pamina, dont il est tombé amoureux. En avant la musique !

Mutinerie sur le Bounty

Océan Pacifique, avril 1789.

Voilà plus d'un an que le *Bounty* a quitté l'Angleterre.

Sa mission est de ramener de Tahiti des spécimens de plantes exotiques.

Un beau voyage, me direz-vous? Pas à cette époque: le capitaine Bligh est tyrannique et cruel, il n'hésite pas à faire fouetter ses matelots, allant même, dit-on, jusqu'à en passer quelques-uns par-dessus bord.

Pour arriver jusqu'à Tahiti, c'est un enfer.

Les marins du *Bounty* restent six mois à cueillir les précieuses plantes.

Six mois au paradis! Les indigènes sont accueillants, les fruits gorgés de soleil et les poissons délicieux. Les marins n'ont vraiment pas envie de rentrer dans le brouillard de Londres!

Sur le chemin du retour, la mutinerie éclate. Commandés par le lieutenant Fletcher Christian, les marins du *Bounty* abandonnent le capitaine Bligh avec quelques fidèles sur une chaloupe, en plein Pacifique. Ils jettent à la mer la cargaison de plantes exotiques puis rejoignent leurs fiancées tahitiennes.

Quant au capitaine Bligh, homme cruel mais marin d'exception, il réussira l'exploit de survivre dans sa petite chaloupe.

BOUNTY

À la Bastille !

14 juillet 1789. Aujourd'hui commence la Révolution française.

Le peuple prend d'assaut la forteresse de la Bastille, qui trône au cœur de Paris.

En quelques mois, c'est le grand chambardement au royaume de France : les privilèges des nobles et des prêtres sont abolis, les droits de l'Homme et du citoyen sont proclamés. Bientôt, on enverra le roi en prison, puis à la guillotine.

Vive la République !

La Révolution française

1793. Le roi Louis XVI a été condamné à mort et exécuté, la royauté a été abolie.

Les ambitions émergent. Qui aura le pouvoir? Le général La Fayette, qui rêve d'une monarchie parlementaire? Danton et Camille Desmoulins, partisans d'une république modérée? Robespierre, dictateur incorruptible et partisan de la Terreur? Ou encore Marat, «l'ami du peuple», qui réclame la mort des ennemis de la Révolution?

Alors que l'Europe entière se ligue pour attaquer la république, on décrète «la patrie en danger». À Valmy, l'armée française, composée de citoyens sans expérience mais très motivés, parvient à repousser l'ennemi!

Bien loin de là, dans les îles des Antilles, Toussaint Louverture, un officier de couleur, lutte pour l'abolition de l'esclavage et songe à l'indépendance de son île: Haïti.

Il y a trop de dissensions au sein de la jeune république française.

La guerre civile est inévitable.

Chouans partisans d'un retour à la monarchie et sans-culottes républicains s'affrontent sans pitié.

En juillet 1793, Jean-Paul Marat, journaliste et député, est assassiné dans sa baignoire par une toute jeune femme, Charlotte Corday. Pour ses partisans, il devient un martyr de la Révolution. Pour d'autres, c'est sa meurtrière qui devient une héroïne !

Bientôt, c'est un jeune général plein d'ambition qui s'emparera du pouvoir : Napoléon Bonaparte.

Napoléon, empereur des Français

Féroce dictateur pour certains, héritier de la Révolution pour d'autres, génial stratège pour tous...

Général à vingt-cinq ans, consul à trente ans et empereur à trente-cinq ans, Napoléon Bonaparte ne perd pas de temps !

Parvenu au pouvoir, il modernise les institutions de la France et crée le Code civil et le Code pénal, un ensemble de lois qui régissent le quotidien de tous les citoyens.

Mais Napoléon se veut aussi le nouveau César, le nouvel Alexandre, le maître absolu d'un grand empire... Pour assouvir ses rêves de gloire, à la tête de la Grande Armée, il met l'Europe à feu et à sang.

Austerlitz, Trafalgar, Iéna, Eylau, Friedland, Wagram, la Moscowa, Waterloo... Autant de lieux de batailles où l'on déplore malgré tout de nombreux soldats tombés...

Le romantisme

Le romantisme est un mouvement littéraire, musical et pictural qui s'est développé au début du XIXe siècle, en opposition à la tradition classique. C'est le triomphe du sentiment sur la raison, de l'imagination sur l'analyse.

Ludwig van Beethoven est le précurseur du romantisme musical. Pleines de fougue, ses neuf symphonies font résonner le chant des oiseaux, le roulement du tonnerre… et les célèbres accords du destin qui vient frapper à notre porte !

Après Beethoven, le romantisme trouve ses plus beaux créateurs avec les virtuoses du piano que sont le Polonais Frédéric Chopin ou le Hongrois Franz Liszt, ou des génies tourmentés comme le Français Hector Berlioz.

Le Radeau de la Méduse

En 1816, la *Méduse*, une frégate, sombre en plein océan Atlantique à cause de l'incapacité de son capitaine.

Quelques rescapés du naufrage se réfugient sur un radeau et dérivent plusieurs semaines au large de l'Afrique, sans nourriture, sans eau, dans une mer infestée de requins.

Trois ans plus tard, le peintre Géricault immortalise le moment où les naufragés aperçoivent au loin la voile qui les sauvera.

Il faut toujours garder l'espoir, même dans les pires moments. Voilà ce que semble nous dire ce tableau.

Les Misérables

Les violences sociales sont terribles en ce XIXe siècle. Pas de pitié pour les pauvres ! Pas de pitié pour les faibles ! C'est ce que dénonce Victor Hugo dans son chef-d'œuvre *Les Misérables.*

Romancier épique, poète lyrique, dramaturge révolutionnaire, chef de file du romantisme français... Victor Hugo (1802-1885) n'est pas seulement le monument de la littérature que l'on sait : il est aussi un ardent humaniste, partisan d'une république juste et généreuse.

Il pense que les injustices sociales dont sont victimes les moins fortunés sont le résultat de la rigidité du système politique et de sa sévérité.

De 1851 à 1870, Victor Hugo, opposé à Napoléon III et au Second Empire, vit en exil dans les îles Anglo-Normandes à Jersey, puis à Guernesey. Presque chaque jour, au bord des flots, il regarde vers la France.

Dans *Les Misérables*, la petite Cosette est fort malheureuse car sa maman, seule et sans ressources, l'a mise en pension chez un couple de paysans, les Thénardier.

Cosette vit alors la rude existence des enfants pauvres : elle peine du matin au soir sous les injures et les brimades des Thénardier.

Jean Valjean, lui, est un ancien bagnard, condamné pour avoir volé une miche de pain afin de ne pas mourir de faim. Une bien lourde sanction, en vérité, pour un si petit crime. Il a lui aussi vécu la misère de ce temps.

Jusqu'à ce qu'un brave évêque, monseigneur Myriel, lui donne assez d'argent pour pouvoir recommencer une nouvelle vie honnête. Devenu riche, il va s'employer à sortir Cosette de la misère...

La Liberté guidant le peuple

Trop de misérables... Trop d'injustices...
Depuis la chute de Napoléon Ier en 1815 et la restauration de la monarchie, les Français sont mécontents.

Les voilà qui rêvent de recommencer la Révolution française.

Le 27 juillet 1830, le peuple de Paris gronde.
On dresse des barricades.

Et en trois jours d'émeutes, les « Trois Glorieuses », le roi Charles X est chassé de son trône. Le peintre Delacroix immortalise ces journées.

La République est-elle proclamée ?
Pas encore ! Il faudra attendre dix-huit ans et une nouvelle révolution !

À toute vapeur !

Une force nouvelle bouleverse la grande histoire du monde : la vapeur !

Le principe de la machine à vapeur a été inventé par James Watt au XVIIIe siècle. Il s'agit de contrôler et de transformer en force motrice l'échappement de la vapeur produite par l'eau bouillante.

Le charbon, abondant, permet d'entretenir une vapeur constante à bon marché.

Très vite, la machine à vapeur révolutionne tous les domaines, toutes les techniques.

L'industrie textile, la métallurgie, l'agriculture, les transports ne ressembleront plus jamais à ce qu'ils étaient depuis l'aube de l'humanité.

Le monde entre dans l'ère industrielle.

EN REMONTANT LE MISSISSIPPI

Au XIXe siècle, par millions, les Européens viennent peupler l'immense continent américain. Ils quittent la vieille Europe en crise pour tenter leur chance sur ces vastes espaces riches en promesses.

Dans une nature sauvage, explorateurs et trappeurs rencontrent les tribus indiennes. « Peaux-rouges » et « Visages pâles » font alors connaissance...

1776
RENO DENVER ST. LOU
STERN EXPRES
RENO
DENVER
ST. LOUIS
WESTERN
EXPRESS

NAISSANCE D'UNE NATION

Les Américains ont proclamé leur indépendance le 4 juillet 1776.

De plus en plus nombreux, les colons s'installent sur les terres indiennes, malgré la résistance des Sioux, des Cheyennes ou des Apaches.

La ruée vers l'or de 1848 attise encore le goût de l'aventure.

C'est le temps des cow-boys, des diligences, des saloons, des bandits et des shérifs.

Mieux vaut savoir se servir d'un colt pour défendre sa famille, sa terre et ses précieux dollars !

GO WEST !

Le long des pistes tracées par les premiers explorateurs, de longues caravanes se dirigent vers l'Ouest, guettant le lieu idéal pour s'établir.

Ce sont des familles entières qui viennent de partout : des villes déjà surpeuplées de l'Est, telles que New York ou Boston, mais aussi d'Europe et d'Asie.

En quête d'une vie meilleure, elles ont affronté mille dangers: des fleuves à traverser, des déserts brûlants, des chaînes de montagnes aux neiges meurtrières… et des Indiens rarement d'accord pour qu'on occupe leurs terres.

À la nuit tombée, quand les femmes et les enfants dorment dans les chariots, les hommes se détendent autour du feu et préparent la route du lendemain.

Dans les champs de coton

L'Amérique, ce n'est pas seulement l'Ouest sauvage ! C'est aussi l'immense Sud avec ses plantations de coton qui s'étendent à l'infini.

Au milieu du XIXe siècle, la richesse des planteurs atteint son apogée. Avec toute leur famille, ils résident dans de splendides maisons blanches à colonnades, servis par une armée de domestiques tandis que, dans les champs, des centaines d'esclaves travaillent sans relâche pour la fortune du maître.

On retrouve dans la littérature, puis au cinéma, l'atmosphère de ces riches plantations de coton de Géorgie avec la célèbre saga *Autant en emporte le vent*. La belle Scarlett O'Hara en est l'héroïne inoubliable, ultime représentante d'un monde qui va bientôt disparaître.

La guerre de Sécession

L'Amérique n'est pas une terre de liberté pour tout le monde : des millions d'hommes, de femmes et d'enfants ont été arrachés à leur Afrique natale, entassés dans des bateaux comme du bétail et vendus de l'autre côté de l'Atlantique.

Bientôt, la question de l'esclavage divise les États-Unis : les États du Nord, riches et industrieux, s'opposent à ceux du Sud, agricoles et esclavagistes.

En 1860, onze États du Sud décident de faire sécession, c'est-à-dire de se séparer de l'Union. La guerre civile éclate. Elle va durer quatre ans.

Menés par le général Grant et le président Abraham Lincoln, les Yankees du Nord l'emportent sur les Confédérés sudistes. Alors l'esclavage est aboli.

Des millions de Noirs découvrent la liberté !

Les présidents américains

Contemplant les États-Unis depuis le mont Rushmore sur lequel ils sont sculptés, Abraham Lincoln (à droite) et les trois autres grands présidents (George Washington, Thomas Jefferson et Theodore Roosevelt) peuvent être optimistes: la guerre civile n'a pas eu raison de l'Union. Les institutions ont survécu.

L'Amérique va maintenant se retrousser les manches et devenir en moins d'un siècle la plus grande puissance du monde...

BUFFALO BILL

Au XIXe siècle, les Européens découvrent l'Ouest grâce au cirque de Buffalo Bill.

Son costume de cow-boy, ses prouesses au lasso, ses démonstrations de bisons, ses rodéos, ses Indiens... font vite le bonheur des spectateurs.

Quelques années plus tard, le cinéma naissant reprendra avec enthousiasme cette mythologie du western.

Moby Dick

Moby Dick est le nom donné à un grand cachalot blanc, personnage principal d'un célèbre roman publié par l'Américain Herman Melville en 1851.

Il y a quatre héros dans ce roman : le jeune marin Ismaël, attiré par la mer et le large ; le *Pequod*, navire baleinier qui part vers les mers froides ; Achab, le capitaine du *Pequod*, dont la jambe a été arrachée lors d'une chasse ; Moby Dick, le redoutable cachalot qui l'a mutilé. Depuis ce jour, Achab n'a qu'une idée : poursuivre, pour se venger, l'insaisissable cétacé sur toutes les mers du globe...

Le chemin de fer

Inventé en Angleterre au début du XIXe siècle, le chemin de fer à vapeur conquiert bientôt la Terre entière. Il franchit les montagnes et les fleuves, traverse les continents, relie l'est et l'ouest des États-Unis, Londres et Istanbul, la Russie et la Chine...

Transportant les marchandises et les Hommes, il devient le symbole du voyage et l'instrument du commerce.

L'Inde des maharajahs

L'immense sous-continent indien est une terre de contrastes.

La plus grande richesse y côtoie l'extrême misère.

Et aucun monde n'est plus fastueux que celui des maharajahs.

Au XIXe siècle, l'Inde fait partie de l'Empire britannique. Les Anglais sont impressionnés par la magnificence de ces princes couverts d'or et de bijoux, ne sortant de leurs palais somptueux que pour parader ou pour chasser le tigre à dos d'éléphant.

L’Angleterre victorienne

La reine Victoria (1819-1901) porte bien son nom. Car c’est sous son long règne que la révolution industrielle et l’Empire britannique atteignent leur apogée.

Mariée très jeune, Victoria tombe folle amoureuse... de son mari, le prince Albert. Ensemble, ils auront huit enfants et quarante-deux petits-enfants. Plusieurs de leurs descendants occuperont des trônes en Suède, au Danemark, en Espagne, en Grèce, ce qui vaudra à Victoria le surnom de «grand-mère de l’Europe».

C’est l’époque où l’Angleterre est un immense atelier: mines de fer et de charbon, filatures de laine et de coton, manufactures où l’on fabrique tout ce dont le monde a besoin, villes surpeuplées, ports de commerce actifs jour et nuit.

C’est aussi l’âge d’or de la colonisation britannique. Le drapeau de l'empire flotte sur tous les continents: l’Inde, le Canada ou l’Australie sont de véritables «perles de la Couronne».

Sous le règne de Victoria, l’aristocratie et la bourgeoisie font fortune, mais le sort des employés et des ouvriers est peu enviable. Dans certains quartiers de Londres, à Manchester ou Liverpool, la misère est effrayante!

Ladies'
Tailor

Londres au XIXe siècle

La révolution industrielle et la colonisation ont enrichi l'Angleterre victorienne.

Londres pousse comme un champignon.

Des banques et des commerces se créent, attirant une population de plus en plus nombreuse en quête de prospérité.

Les aventures d'Oliver Twist

En ce XIXe siècle victorien, une grande partie de l'Angleterre ne profite pas de la prospérité.

Il existe des quartiers de Londres où la misère est quotidienne : les ouvriers s'entassent dans des taudis, et les enfants n'ont d'autre choix que celui de travailler dès sept ans dans les manufactures ou bien de devenir voleurs.

Charles Dickens décrit sans concession cet engrenage de la misère dans son roman *Oliver Twist*.

Orphelin, sans ressources, livré à lui-même dans une petite ville de l'Angleterre industrielle, le jeune Oliver Twist subit privations et mauvais traitements. Pendant quelque temps, il endure tout avec patience, confiant dans l'avenir. Mais face à trop d'injustices, il s'enfuit seul vers Londres, dort au bord des routes, manque de mourir de faim. Recueilli par une bande de pickpockets, Oliver découvre les bas-fonds de la capitale, un monde cruel où seules comptent la ruse et la force. Heureusement, une bonne étoile veille sur lui et le roman finira bien !

Infatigable défenseur de la cause des enfants et de l'éducation pour tous, Charles Dickens nous donne un aperçu de la société anglaise dans d'autres romans célèbres, comme *David Copperfield* ou *Les Grandes Espérances*.

The Good Cake
Tea and Pastry
The Good Cake
The Good Cake

Jack l'Éventreur

En 1888, un fait divers est à la une de tous les journaux: en quelques semaines, cinq pauvres femmes sont assassinées d'une manière particulièrement sauvage dans les bas-fonds de Londres, le sordide quartier de Whitechapel.

Les crimes sont signés Jack l'Éventreur!

Quel tueur en série se cache derrière ce pseudonyme qui fait froid dans le dos? On ne l'a jamais su.

Depuis lors, l'identité et les mobiles de Jack ont intrigué de nombreux enquêteurs et inspiré un nombre incroyable d'auteurs, parfois farfelus.

Certains y ont vu la main d'un lord influent, ou bien d'un boucher du quartier, ou d'une femme déguisée en homme... D'autres iront même jusqu'à soupçonner un proche de la reine d'Angleterre, peut-être un prince de sang!

Mais le mystère reste entier.

Sherlock et compagnie

L'Angleterre victorienne est la grande époque des romans noirs, des histoires qui donnent la chair de poule.

Il y a Sherlock Holmes, brillant détective accompagné de son ami le docteur Watson.

Il y a l'histoire terrifiante du paisible docteur Jekyll qui, après avoir bu une potion de sa préparation, se transforme en sanguinaire M. Hyde.

Il y a Dracula, comte maléfique des Carpates, un vampire qui suce le sang de ses victimes.

Et il y a Dorian Gray, jeune dandy qui a l'angoisse de voir son portrait devenir celui, très laid, du vieillard qu'il sera un jour.

L'Europe des empires

L'Europe du XIXe siècle est bien étrange: dans de nombreux pays, l'instabilité règne. Aux rois succèdent des républiques qui, elles-mêmes, sont parfois remplacées par des empires. Les peuples veulent choisir leurs dirigeants, mais laissent souvent des monarques décider de leur destin.

En France, Louis-Napoléon Bonaparte, neveu du «grand» Napoléon, est élu président de la République. Pourtant, en 1852, il s'approprie tous les pouvoirs et se proclame empereur sous le nom de Napoléon III.

L'impératrice des Français se nomme Eugénie. Venue d'Espagne, elle est admirée dans toute l'Europe pour sa beauté et pour l'éclat des fêtes qu'elle donne à Paris, dans son palais des Tuileries.

L'autre empire d'Europe est l'Autriche-Hongrie. Vienne, sa capitale, rivalise de splendeur avec Paris. Depuis la chute de Napoléon Ier, c'est là que vit son fils, le duc de Reichstadt. Celui qu'on surnomme « l'Aiglon » meurt sans descendance en 1832.

Élisabeth de Bavière (1837-1898) devient impératrice d'Autriche à quinze ans en épousant l'empereur François-Joseph. Surnommée Sissi, elle charme la cour par sa jeunesse mais supporte mal le poids des traditions. Elle sera tuée à Genève.

François-Ferdinand est un autre personnage « maudit » de Vienne. Archiduc d'Autriche et prince royal de Hongrie, il est l'héritier de François-Joseph. Mais alors qu'il visite Sarajevo le 28 juin 1918, il est assassiné par un nationaliste serbe. Sa mort sera l'évènement déclencheur de la Première Guerre mondiale (1914-1918).

Et Paris fait la fête

Voici la Belle Époque. Un vent de liberté souffle sur Paris : sur fond de french cancan, cette danse affolante qui transgresse tous les tabous, bourgeois et ouvriers se pressent dans les cabarets et les guinguettes pour refaire le monde autour d'une bouteille.

Paris y gagne sa réputation de ville des plaisirs.

Au Bonheur des Dames

Londres et Paris voient arriver un type de commerce révolutionnaire promis à un bel avenir : les grands magasins !

Sur cinq étages de miroirs et de lustres, robes, gants, chapeaux, rubans... s'étalent à l'infini sur des comptoirs dorés.

Attirés par toutes ces marchandises, les clients sont au rendez-vous. C'est le règne de la mode, qui fait, dit-on, le bonheur des dames !

Les premiers bains de mer

Pendant des siècles, les bords de mer ne sont fréquentés que par les pêcheurs. Nul n'aurait l'idée saugrenue de se plonger dans un milieu aussi mal connu, puis de s'allonger sur une plage pour profiter du soleil et brunir sa peau.

Mais à la fin du XIXe siècle, les bains de mer deviennent à la mode.

Les trains relient alors Paris ou Londres à la Manche en quelques heures.

Les premiers baigneurs ne savent pas nager, et il n'existe pas de vêtement adapté pour profiter des plages. Très pudiques, ils ne dévoilent que leurs bras et leurs mollets.

De luxueux hôtels ouvrent à Brighton en Angleterre, à Deauville en France. Et ceux qui veulent un soleil chaud se ruent vers la Côte d'Azur, à Nice, Cannes ou Monte-Carlo.

Le football

Le football est né à la fin du XIXe siècle dans la prestigieuse université britannique de Cambridge.

Une belle occasion, pour chaque dortoir de dix élèves, d'affronter ses voisins. Comme personne ne veut jouer le rôle ingrat de gardien de but, on décide que ce sera le surveillant de la chambrée qui sera le goal. Voilà pourquoi ce sport se pratique à onze.

Au fil de leurs voyages, ces gentlemen vont vite faire connaître ce nouveau sport aux jeunes du monde entier.

Vincent Van Gogh

Qu'on ne s'y trompe pas : malgré des harmonies de couleurs très vives, c'est bien la tristesse et la mélancolie qui hantent les tableaux du peintre hollandais Vincent Van Gogh.

Ses tournesols, loin d'évoquer l'été, ne se tournent pas vers le soleil mais semblent plutôt se faner à l'approche de l'automne.

Ses champs de blé jaune sont survolés de corbeaux, comme un triste présage.

Mais c'est dans ses autoportraits que transparaît le caractère du peintre : dans l'un d'eux, il se représente après un moment de désespoir pendant lequel il s'est, par folie, coupé l'oreille.

Richard Wagner

Un vrai roman que la vie de Richard Wagner ! Tour à tour étudiant sans le sou, révolutionnaire pourchassé par la police, journaliste, ami et confident du roi de Bavière, il est aussi et surtout l'un des plus grands compositeurs de musique d'opéra de l'Histoire !

Les opéras de Wagner sont marqués par la mythologie nordique, les contes du Moyen Âge et les histoires dont on ignore si elles sont légendaires ou réelles, comme celle du « Vaisseau fantôme », ce bateau hollandais dont l'équipage est mort et qui vogue sans fin sur les mers déchaînées.

Jules Verne imagine le XXᵉ siècle

Jules Verne vit en ce XIXᵉ siècle riche en inventions et en révolutions technologiques : machines à vapeur, électricité, télégraphe, récits des explorateurs… tout le passionne.

Dans ses romans, Jules Verne nous plonge dans un monde de science-fiction, qu'on appelle au XIXᵉ siècle « anticipation », où l'Homme est capable de faire le tour du monde en quatre-vingts jours, de voyager vers la Lune, d'explorer les fonds sous-marins…

Autant de rêves qui deviendront réalité au XXᵉ siècle.

RÉVOLUTIONS SCIENTIFIQUES

À Londres, Paris, Berlin, Vienne ou New York, d'époustouflantes découvertes laissent présager un XXe siècle résolument scientifique : les lois de l'évolution (Charles Darwin), le vaccin contre la rage et la pasteurisation des aliments (Louis Pasteur), la pénicilline (Alexander Fleming), les rayons X, la radioactivité, la vitesse de la lumière...

Forts de ces savoirs inouïs, élevés dans le culte du progrès, les Hommes vont-ils enfin devenir sages ? Le XXe siècle sera-t-il celui de la paix et du bonheur pour tous ?

E = mc²

Sigmund Freud et la psychanalyse

Dans son cabinet de Vienne, le docteur Sigmund Freud écoute attentivement les récits, les obsessions et les rêves de ses patients, qui souffrent de maladies nerveuses.

Tel un archéologue de l'âme, il exhume du passé les souvenirs enfouis qui permettront de reconstituer leur histoire, et d'éclairer leur présent. Il comprend que notre inconscient dirige souvent nos actes et nos pensées. Une nouvelle science est née, c'est la psychanalyse.

Vers le monde moderne

Année après année, la révolution des sciences et des techniques s'accélère. L'âge de la vapeur paraît bien loin... Le maître mot, désormais, c'est l'électricité !

L'humanité peut rendre hommage au génial Thomas Edison (1847-1931), inventeur de l'ampoule électrique, du phonographe, du microphone, de la lampe fluorescente, du kinétographe (ancêtre du cinéma) et de la pellicule perforée !

Alors que les chemins de fer sillonnent désormais la planète, un mode de transport individuel fait son apparition : l'automobile ! Les premiers constructeurs sont britanniques, allemands et français (Renault, Peugeot et Panhard).

Grâce au pneumatique, inventé par l'Écossais Dunlop et amélioré par le Français Michelin, les voyages automobiles deviennent rapides et (presque) confortables !

À l'horizon, c'est l'Amérique ! Les immigrants sont accueillis à New York par la statue de la Liberté, offerte par la France.

En 1903, les frères Wilbur et Orville Wright effectuent le premier vol en avion de l'Histoire.

Dix ans plus tard, Charles Chaplin, dit Charlie Chaplin, crée le personnage de Charlot.

Plus triste est le destin de l'immense et luxueux paquebot Titanic. Lors de son voyage inaugural en avril 1912, ce géant des mers (279 mètres de long), pourtant réputé insubmersible, fait naufrage au large de Terre-Neuve après avoir heurté un iceberg. Environ 1500 personnes disparaissent dans la catastrophe.

L...

V...

Au sud des États-Unis, son immense voisin, le Mexique fait partie de l'Amérique du Nord. Mais par sa langue, son histoire, sa religion, sa culture, c'est bien un pays typique d'Amérique latine.

Longtemps colonie espagnole, le Mexique a obtenu son indépendance en 1821. En 1910, il connaît une révolution flamboyante, où s'illustrent les célèbres *bandidos* Pancho Villa et Emiliano Zapata. Une drôle d'époque, où se mêlent intimement le bruit des coups de feu et le chant des guitares !

Viva Mexico !
CONCERT
FESTIVAL
THEATRE OF THE WEST!

LE JOURNAL

Dimanche 28 juin 1914

Attentat à Sarajevo!

L'ARCHIDUC FRANÇOIS-FERDINAND A ÉTÉ ASSASSINÉ

L'héritier de l'empire d'Autriche-Hongrie et son épouse, la duchesse Sophie, ont été assassinés par un nationaliste serbe, Gavrilo Princip.

Il est à craindre que l'Autriche-Hongrie ne demande des comptes à la Serbie. Peut-être même va-t-elle lui déclarer la guerre!

Mais, si l'Autriche-Hongrie entre en conflit avec la Serbie, il est probable que la Russie, alliée de la Serbie, déclarera à son tour la guerre à l'Autriche-Hongrie.

Que fera alors l'Allemagne?

Inévitablement, elle se portera au secours de son alliée l'Autriche-Hongrie en déclarant la guerre à la Russie.

La France et l'Angleterre, alliées de la Russie, n'auront alors plus d'autre choix que de déclarer la guerre à l'Allemagne.

Ainsi, par le jeu des alliances diplomatiques, un terrible engrenage mène les pays européens tout droit à la guerre.

Et comme tous ces pays possèdent d'immenses colonies sur tous les continents, c'est bien une guerre mondiale qui est à redouter.

LES CIRCONSTANCES DE L'ATTENTAT

Nous savons encore peu de choses sur les circonstances de l'attentat. Il semblerait que le couple princier ait échappé le matin même à une première tentative qui avait échoué.

La fleur au fusil

Depuis le début du XXe siècle, la tension est forte entre les puissances européennes. En août 1914, c'est le déclenchement de la Première Guerre mondiale. Elle oppose les puissances centrales (l'Allemagne et l'Autriche-Hongrie) à celles de l'Entente (la France, le Royaume-Uni, la Russie...).

La fleur au fusil, bien des soldats partent dans l'enthousiasme pour une guerre qu'ils imaginent courte. Quelle erreur ! Elle durera quatre ans, et entraînera le reste du monde à la catastrophe.

DE LA PATRIE
À BERLIN !
VIVE LA FRANCE !

L'EUROPE EN RUINES

De 1914 à 1918, l'Europe sombre dans l'apocalypse.

Quatre ans de guerre terrible dans l'enfer des tranchées.

C'est tout un monde qui s'écroule, celui de la civilisation européenne sûre de sa domination sur le monde.

À l'issue de cette guerre, tous promettent, la main sur le cœur, que ce sera « la der des ders », la dernière guerre.

AU LENDEMAIN DE LA GUERRE

En 1917, les Russes ne veulent plus de cette guerre qui a déjà fait des millions de victimes. On reproche au tsar Nicolas II d'avoir plongé la Russie dans la ruine et la misère.

Ouvriers, paysans et soldats se mettent en grève, et renversent en quelques jours l'une des plus puissantes monarchies du monde.

Le tsar abdique.

Un révolutionnaire, Lénine, s'empare alors du pouvoir. Il remplace la dictature du tsar par celle, non moins violente, du prolétariat.

Un nouveau pays naît sur les débris de la Russie : l'Union soviétique.

La Grande Guerre a laissé la vieille Europe en ruines.

Seuls les États-Unis sortent plus riches et plus industrialisés de ce conflit.

Un modèle culturel tout jeune, gai et libre s'impose au monde, qui découvre avec ravissement le jazz et le cinéma d'Hollywood.

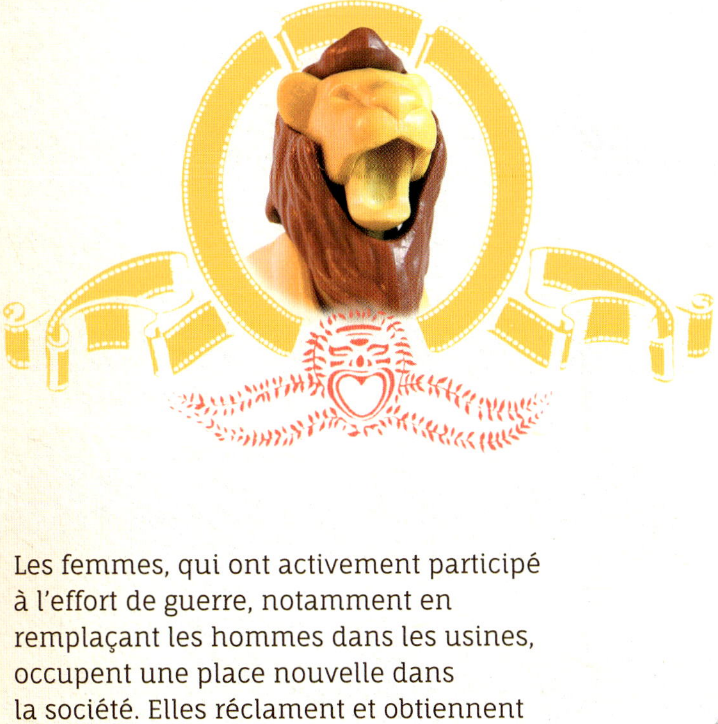

Les femmes, qui ont activement participé à l'effort de guerre, notamment en remplaçant les hommes dans les usines, occupent une place nouvelle dans la société. Elles réclament et obtiennent le droit de vote.

Cheveux courts, travaillant, faisant du sport ou conduisant des voitures, les femmes de l'après-guerre affirment un fort désir d'indépendance.

Leur combat pour une égalité réelle avec les hommes va se prolonger pendant tout le XXe siècle.

New York à l'assaut du ciel

Au lendemain de la Première Guerre mondiale, les États-Unis remplacent la vieille Europe comme première puissance financière et industrielle du monde.

L'économie est florissante, le dollar est roi !

Des millions de familles américaines en profitent et accèdent à un confort jusqu'alors réservé aux plus fortunés : automobiles, appareils ménagers, radio, téléphone, réfrigérateurs deviennent des objets courants.

Pendant ces années de prospérité, les États-Unis connaissent une vertigineuse fièvre de construction. Toujours plus haut !

L'Empire State Building, avec ses 381 mètres de haut et ses 102 étages, est le plus éclatant symbole de cette réussite.

Mr. Bob's
Flamingo
Cafe
COTTON CLUB
BAR
DINNER $1.50
JAZZ CLUB
BLUE MOON
Lady Luck
Modern
JAZZ CLUB
jazz Club
NEVER A COVER CHARGE
THE JUNGLE
JAZZ CLUB

LE JAZZ

Le jazz est né dans le Sud des États-Unis, de la rencontre des chants des Noirs avec les chaudes sonorités de La Nouvelle-Orléans. Puis il est remonté vers le Nord, avec New York et Chicago comme villes d'adoption.

Qu'il soit joué par un trio déchaîné dans un club enfumé, par un saxophone solitaire à la lueur d'un réverbère, sublimé par un piano, une trompette ou tout un big band, le jazz est partout et ne tient pas en place !

Louis Armstrong, Duke Ellington, Count Basie, Dizzy Gillespie ou Sidney Bechet sont quelques-uns de ses plus extraordinaires interprètes.

LE TRIOMPHE DU CINÉMA

Le cinéma a été inventé et breveté en 1895 par les frères Louis et Auguste Lumière, après leur découverte du kinétographe de Thomas Edison. Ils y ont ajouté une idée essentielle : la projection des images sur un grand écran !

Le succès est immédiat ! Mais les frères Lumière ne peuvent imaginer à quel point leur invention va conquérir la planète, devenir le loisir préféré de millions d'êtres humains, faire rire, pleurer, trembler des foules entières...

Très vite, le cinéma s'organise comme une véritable industrie, avec ses studios, ses techniciens, ses fabricants de décors.

Le « star-system » naît à Hollywood, en Californie, avec les vedettes du cinéma muet.

Au fil des ans, les techniques du 7e art s'améliorent sans cesse : arrivée du cinéma parlant (1927) et de la couleur, multiplication des trucages et des effets spéciaux, scénarios audacieux... De nombreux films entrent dans la légende, comme *King Kong* en 1933, grâce à son dénouement émouvant où le gorille géant affronte une escadrille d'avions au sommet d'un gratte-ciel de New York.

Le surréalisme

Littérature, peinture, musique... tous les arts se remettent en question au sortir de la Grande Guerre. De nombreux artistes abandonnent la représentation réaliste du monde et donnent la priorité à l'imagination. Les travaux de Freud et la psychanalyse influencent également leur démarche.

L'art cherche désormais ses formes dans l'inconscient.

Comme dans les rêves ou les cauchemars, toutes les formes, toutes les couleurs, toutes les situations sont possibles.

La réalité est dépassée. C'est le surréalisme.

une bouteille

une chaussure

Ceci n'est pas une pipe.

Marc Chagall, né en Russie, fait danser des rabbins sur les toits !

Le Belge René Magritte nous fait voir des messieurs Pomme, ou bien fait croire qu'un cheval peut être à la fois devant et derrière un arbre, ou raconte qu'une salade est une chaussure et qu'une pipe n'est pas une pipe !

Mais le prince des peintres surréalistes, c'est l'Espagnol Salvador Dalí.

Ce personnage extravagant est aussi onirique que son œuvre !

La crise de 1929

Le 24 octobre 1929, le «jeudi noir», une grave crise financière provoquée par une forte spéculation ébranle les États-Unis. Les cours de Wall Street, la Bourse de New York, s'effondrent. C'est la panique!

Plusieurs milliers de banques et d'entreprises font faillite. Le chômage s'étend rapidement, des millions de travailleurs perdent leur emploi.

La crise gagne l'Europe, dont les banques sont étroitement liées aux banques américaines, puis l'ensemble du monde: c'est la Grande Dépression.

En 1936, Charlie Chaplin réalise *Les Temps modernes*, un film-réquisitoire contre le travail à la chaîne et les conditions de vie des ouvriers, contre la misère et le chômage pendant la Grande Dépression.

L'Allemagne des années 1930

L'Allemagne est écrasée par les dettes de guerre et ruinée par la crise de 1929. Sa monnaie s'effondre et les prix atteignent des sommets : il faut des sacs de billets pour acheter une miche de pain.

Il y a des millions de chômeurs. Parfois, c'est la pègre qui dirige des villes entières, comme dans le film *M le maudit*, réalisé par Fritz Lang en 1931.

Cette crise sans précédent favorise l'ascension d'un parti d'extrême-droite violent et raciste : le parti national-socialiste. Maîtres de la propagande et du mensonge, jouant sur la peur et le désespoir, les nazis conquièrent le pouvoir en 1933 et font plonger l'Allemagne dans une terrible dictature.

M

La Seconde Guerre mondiale

1939-1945. La nuit et le brouillard s'abattent sur l'Europe : c'est la guerre totale.

Adolf Hitler a donné réalité à son délire paranoïaque et envahi presque tout le continent : à l'est, la Pologne, la Tchécoslovaquie puis l'Union Soviétique ; à l'ouest, la Belgique, les Pays-Bas, la France... Dans les pays occupés par son armée, il a mis au pas les populations, pillé les ressources, pourchassé les Juifs puis déporté et exterminé une grande partie d'entre eux dans les camps de la mort.

Mais tout cauchemar a une fin : mois après mois, la Résistance s'organise. Les Américains et les Britanniques, alliés contre l'Allemagne, débarquent en Afrique du Nord, en Italie, en Normandie, en Provence... Sur le front de l'est, les Soviétiques finissent par l'emporter, libèrent les camps de la mort et prennent Berlin. Hitler se suicide, l'Allemagne capitule.

À l'autre bout du monde, le Japon, allié à l'Allemagne, subit un terrible châtiment : en août 1945, deux bombes atomiques lancées par les États-Unis, l'une sur Hiroshima, l'autre sur Nagasaki, mettent fin à la « guerre du Pacifique ».

La paix revient enfin. Mais une ombre plane désormais sur l'humanité : la menace atomique...

L'ONU

La Seconde Guerre mondiale a fait des millions de victimes. Le temps est venu de régler les problèmes du monde autrement que par les conflits armés.

C'est pourquoi la plupart des pays décident en 1945 de se réunir au sein de l'ONU, l'Organisation des Nations Unies.

Son but est d'éviter le retour des guerres en favorisant le dialogue et la coopération internationale. Sous l'autorité des Nations Unies, des organisations font la promotion de la culture (l'UNESCO), de la santé (l'OMS) ou protègent l'enfance (l'UNICEF). Et quand des conflits éclatent, les soldats de l'ONU, surnommés les « casques bleus », interviennent sur le terrain pour tenter de séparer les combattants.

AYMOBIL

Décolonisation et indépendances

Après deux guerres mondiales apocalyptiques, de nombreux Africains, Asiatiques et Sud-Américains se rendent compte que les Européens ne sont pas les « modèles » qu'ils ont voulu paraître.

Guidés par des leaders charismatiques, les peuples du monde aspirent maintenant à disposer librement de leur destin. Ils veulent l'indépendance !

L'Inde, l'Indonésie, le Vietnam, la plupart des pays d'Afrique se séparent, parfois dans la violence, de la tutelle des pays européens.

C'est la décolonisation.

Même si la plupart des anciennes colonies ont obtenu leur indépendance politique, la décolonisation n'a pas pour autant fait disparaître la domination économique des anciennes métropoles : c'est le « néo-colonialisme ».

Cette autre forme de domination repose sur un déséquilibre des échanges : les pays riches achètent bon marché les matières premières et la force de travail des pays pauvres. En retour, ils vendent au prix fort leurs productions industrielles.

Ce déséquilibre sera la cause des nombreux conflits postcoloniaux qui marqueront la seconde partie du XXe siècle.

Gandhi

Le Mahatma Gandhi est le plus célèbre des grands acteurs de la décolonisation : il propose à l'Inde d'accéder à son indépendance par la non-violence.

Il ne s'agit pas de se battre contre les Anglais, qui gouvernent le pays et qui sont bien supérieurs militairement, mais de cesser toute collaboration avec eux, d'arrêter de fréquenter leurs universités ou leurs banques, de ne plus acheter leurs produits.

Gandhi prône un retour à l'artisanat et à l'agriculture, et donne l'exemple en faisant lui-même ses vêtements avec du coton filé sur un rouet.

Hélas ! ce père de la non-violence est assassiné par un extrémiste le 30 janvier 1948, à peine six mois après l'indépendance de son pays.

Génération
Peace & Love

Idéalistes, contestant la « société de consommation », les hippies veulent un monde sans guerre et sans entrave morale, se rapprochant de l'état de nature. Par dizaines de milliers, ils se rassemblent dans de grands festivals de musique folk et rock, comme celui de Woodstock, en août 1969.

Les années 1960

Les Anglo-Saxons les appellent les «sixties». Les années 1960 sont une époque de prospérité, de créativité et d'optimisme dans un monde qui redécouvre les couleurs de la paix.

De plus en plus, on habite en ville. De plus en plus, les femmes travaillent. La plupart des familles cherchent à acquérir les nouveaux éléments du confort domestique : canapés, aspirateurs, machines à laver et postes de télévision... encore en noir et blanc !

La conquête de l'espace

C'était l'un des rêves de Jules Verne : aller dans l'espace et marcher sur la Lune. Un siècle plus tard, son rêve est exaucé.

Tout commence dans l'immédiat après-guerre : les deux superpuissances que sont l'Union soviétique et les États-Unis s'affrontent dans la conquête spatiale.

Les Soviétiques débutent la course en tête en envoyant en 1957 la chienne Laïka dans l'espace. En 1961, ce sont les Américains qui mettent le chimpanzé Ham en orbite. Mais la même année, coup de tonnerre : c'est bien un Russe, Youri Gagarine, qui effectue le premier vol spatial humain.

Le 21 juillet 1969, les Américains prennent leur revanche. Neil Armstrong peut déployer la bannière étoilée sur la Lune ! Bientôt, on enverra des satellites artificiels de communication, des navettes pour les réparer, des stations pour y travailler.

La conquête spatiale n'en est pourtant qu'à ses débuts. Qui sait ce qu'elle nous réserve ?

Le monde du silence

Autre espace dont rêvait Jules Verne, celui que nous fait découvrir le commandant Cousteau depuis 1956 : le monde du silence que sont les fonds sous-marins.

Cousteau sillonne les mers du globe à bord d'un bateau bientôt célèbre : la *Calypso*. Il invente l'équipement de plongée autonome, la bouteille et le détendeur ; il explore avec sa caméra le monde inconnu des fonds marins.

Ces explorations et les films documentaires qui les racontent connaissent un immense succès ; ils font du rêve de Jules Verne une réalité.

Dans les années 1980, l'homme au bonnet rouge alerte le monde sur les dangers de la surconsommation et sur les pollutions qu'elle engendre : les mers changent, des espèces disparaissent.

Il y a urgence à modifier notre comportement si nous voulons préserver la « planète bleue ».

日本
大師宝号
南無大師遍照金剛
般若心経
仏説摩訶般若波羅蜜多心経
観自在菩薩 行深般若 波羅蜜多
時照見五 蘊皆空度 一切苦厄舎利子
色不異空空不異色色即是空空即是色
受想行識亦復如是 舎利子 是諸法空相

Le Japon moderne

Loin de nous, tout à l'est, l'empire du Soleil-Levant fascine par son délicieux mélange de tradition et de modernité.

Chaque année, au printemps, on peut croiser des couples d'amoureux ou des familles entières en costumes traditionnels, qui se promènent pour admirer les cerisiers en fleur.
Et tout près de là, on peut observer la vie trépidante de quartiers ultraconnectés, où la modernité est reine...

La crise du pétrole

Le pétrole est la principale source d'énergie du monde industrialisé.

Sans «or noir», peu de machines fonctionnent, aucune production n'est possible, les transports s'arrêtent. Qui possède le pétrole possède le pouvoir.

En 1973, les pays arabes – principaux producteurs de pétrole – utilisent celui-ci comme «arme politique» : ils décident de réduire considérablement leur production pour en faire augmenter brutalement le prix.

C'est le premier choc pétrolier. Il provoque dans le monde entier une crise économique majeure. C'en est fini des Trente Glorieuses, cette période de prospérité et d'optimisme qui a suivi la Seconde Guerre mondiale.

Quant aux conflits pour la mainmise sur cette région si riche, il semblerait qu'ils ne finiront pas avant que le dernier puits n'ait versé sa dernière goutte de pétrole.

LA GUERRE FROIDE

Dès la fin de la Seconde Guerre mondiale, les deux superpuissances que sont les États-Unis et l'Union Soviétique se disputent la domination du monde à travers différents conflits : quand les premiers défendent ou arment un pays ami, les seconds s'empressent d'armer la partie adverse, et vice-versa. C'est la guerre froide.

C'est aussi la belle époque des espions et des agents secrets, que le cinéma d'Hollywood s'empresse de glorifier.

Entre 1988 et 1992, tout bouge derrière le «rideau de fer» qui sépare Europe de l'Ouest et Europe de l'Est. Les réformes mises en œuvre par Mikhaïl Gorbatchev en URSS donnent des idées de liberté aux pays sous domination soviétique. Certains veulent se séparer du «grand frère» russe.

À Berlin, le 9 novembre 1989, le mur qui sépare en deux la ville depuis 1961 est détruit. Les Allemands de l'Ouest et ceux de l'Est peuvent enfin se retrouver!

C'est la fin de la guerre froide.

Les écrans sont partout

Depuis le couronnement de la reine d'Angleterre, vécu en direct par des millions de spectateurs le 2 juin 1953, les écrans ont envahi nos foyers.

Évènements heureux ou tragiques, historiques ou sportifs, l'actualité se vit désormais en direct à la télé.

L'ordinateur personnel (PC) est apparu dans nos foyers à la fin des années 1980.

Son évolution a été fulgurante.

Depuis, il nous semble impossible d'imaginer notre monde sans la collaboration étroite de l'informatique. Nous voilà entrés dans une nouvelle époque de l'Histoire de l'humanité : l'ère numérique.

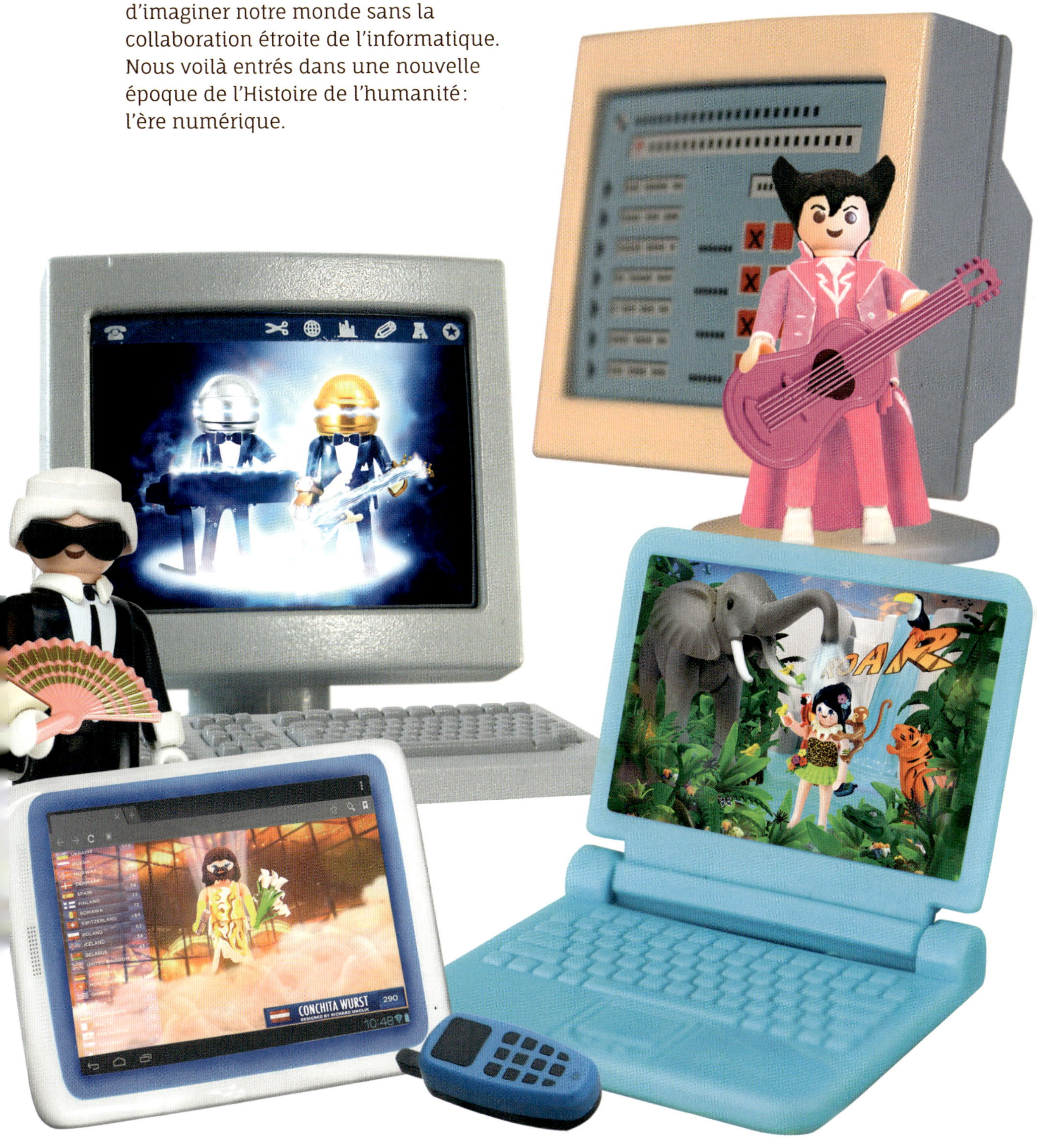

médecine

Les progrès médicaux de cette fin du XXe siècle ont été extraordinaires. On expérimente avec succès les transplantations d'organes (greffes du cœur, du rein, des poumons...) et la fécondation artificielle.

Les traitements des maladies les plus graves, telles que le cancer et le sida, sont peu à peu améliorés.

Des techniques comme l'échographie et le scanner apportent de la précision dans le diagnostic, et l'on utilise le laser pour les interventions les plus délicates. Autant de révolutions médicales qui font diminuer la mortalité infantile et accroître l'espérance de vie.

Année après année, la population mondiale augmente.

Notre planète pourra-t-elle supporter tous ces nouveaux habitants?

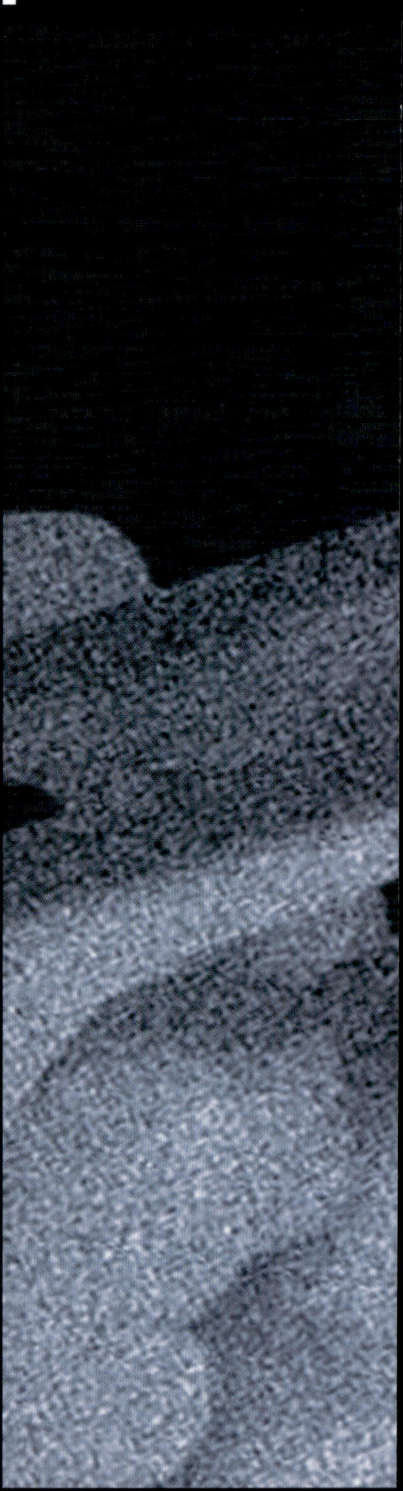

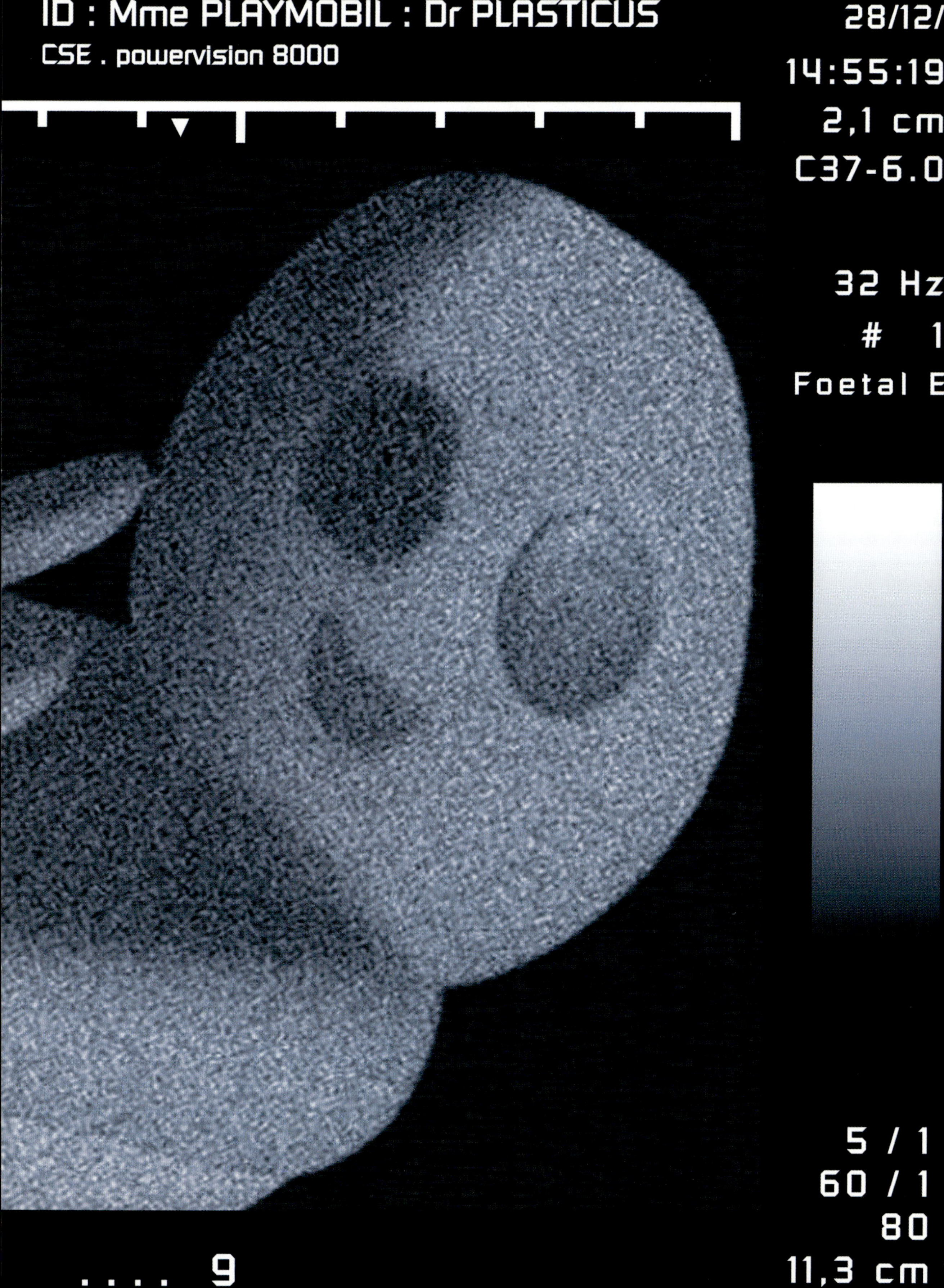
ID : Mme PLAYMOBIL : Dr PLASTICUS
28/12/
CSE . powervision 8000
14:55:19
2,1 cm
C37-6.0
32 Hz
1
Foetal E
5 / 1
60 / 1
80
11,3 cm
.... 9

Television
TVi
TAXI
POLICE
CONCERT
Mac RAVATH
PRESIDENT
GENERATION
VOTEZ
Mlle MICHAUD
SERVICE
OIL
TAXI
fresh
PM-99 3069

Un monde fou, fou, fou

On s'active, on sonne, on klaxonne, on vrombit,
on téléphone, on surfe, on twitte, on visite,
on photographie, on travaille, on vend, on patiente,
on achète, on consomme, on se régale, on roule,
on s'enfume, on gaspille, on se rencontre, on s'aime,
on roucoule, on s'envole, on se sépare, on marche,
on court, on pédale, on se dispute, on voyage,
on jette, on salit, on nettoie, on choisit, on vote,
on bouge, on rit...

Bref, on vit.

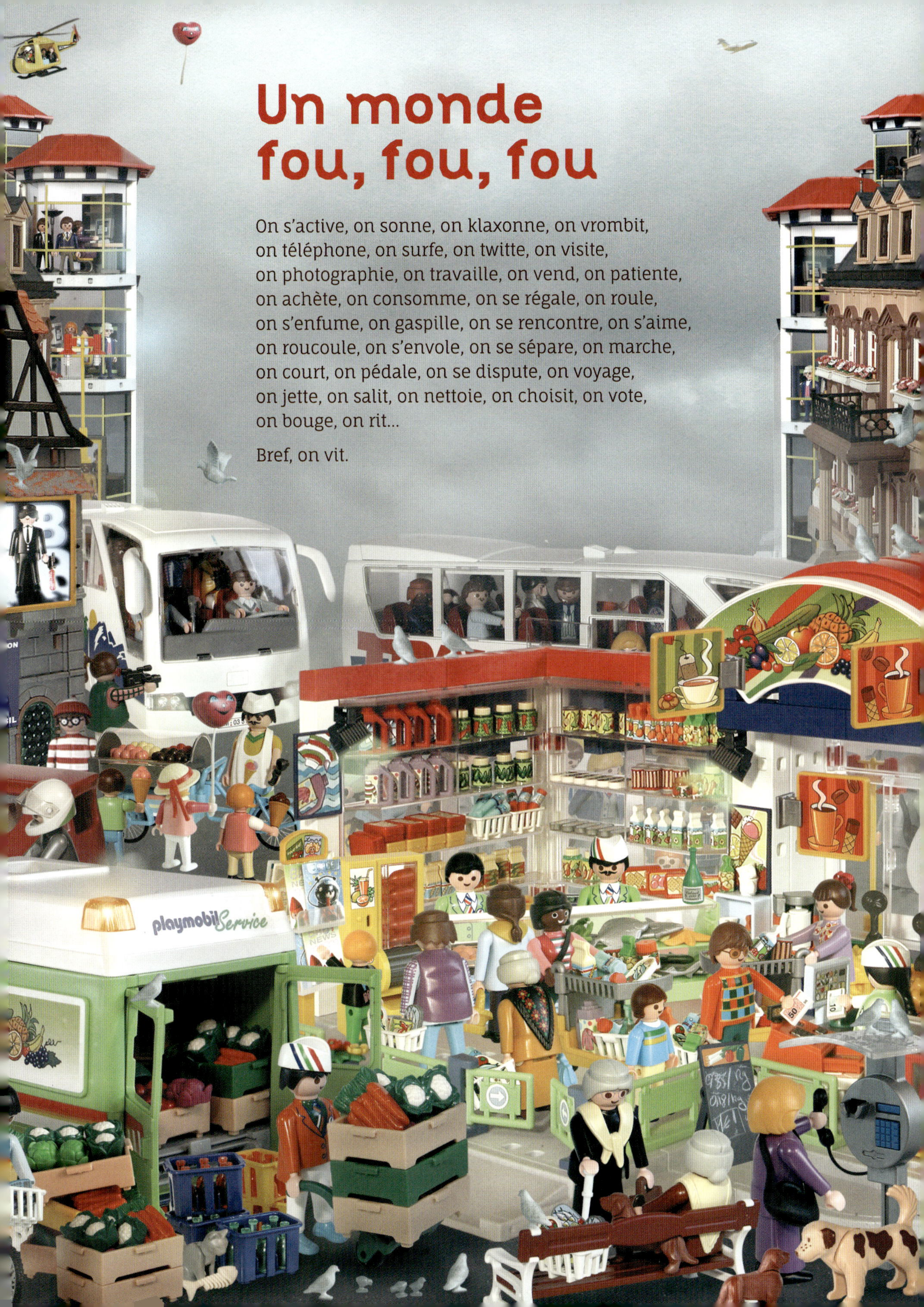

Un monde tout petit

Au XVIe siècle, Magellan met trois ans pour faire le tour de la Terre. Quant à Jules Verne, en 1872, il imagine l'exploit presque impossible de faire le tour du monde en quatre-vingts jours.

Aujourd'hui, vingt heures suffisent à un avion supersonique pour boucler la boucle.

La rapidité des transports a réduit les dimensions de la Terre.

On saute d'un continent à l'autre : de voyageur et d'explorateur qu'il était, l'Homme est devenu touriste.

Le rêve américain

Dans les années qui suivent la Seconde Guerre mondiale, les États-Unis vivent avec une obsession : prendre le dessus sur l'Union soviétique, éliminer le seul rival qui conteste leur hégémonie sur le monde.

Avec la chute du mur de Berlin et la fin de la guerre froide, les Américains ont-ils atteint leur but ? Non, car une nouvelle menace survient : l'arrivée du terrorisme sur leur propre sol.

En 2001, les effrayants attentats du 11 Septembre à New York concrétisent ce péril. Les pompiers du World Trade Center font figure de héros.

En 2008, c'est une petite révolution : pour la première fois, un Noir est élu président des États-Unis ! Barack Obama s'installe à la Maison-Blanche. Optimiste et volontaire, il souhaite transformer son pays. *Yes we can !* Oui, on peut le faire !

YES WE CAN !

La nuit en fête

Dans les boîtes de nuit, la star c'est lui : le DJ ou disc-jockey, le virtuose des platines, qui enchaîne et mixe les disques pour le plus grand plaisir des jeunes fêtards.

Il n'est plus de mise, le temps des chansons à messages où la jeunesse exprimait sa révolte et son dégoût de la société. Voici la house, la techno ou l'électro, sans aucun texte, composées de sons en boucle fabriqués par des synthétiseurs. Voilà une belle manière de revenir aux sources mêmes de la musique : le rythme et le son, et rien de plus !

Vive la nuit, vive la fête !

Le réchauffement climatique

2017. Les conclusions du rapport du GIEC (Groupe d'experts intergouvernemental sur l'évolution du climat) sont formelles et peu rassurantes :

1. Le réchauffement climatique est confirmé et va s'accentuer.
2. Conséquences directes : fonte de la glace polaire et élévation du niveau de la mer, évènements météorologiques extrêmes (sécheresses, pluies diluviennes et cyclones tropicaux fréquents).
3. Conséquences associées : extinction d'un grand nombre d'espèces animales et végétales.
4. C'est un réchauffement d'origine humaine : la déforestation massive et l'usage excessif des énergies fossiles en sont les principales causes.
5. Notre mode de vie et notre modèle énergétique sont à revoir de toute urgence : cesser d'abîmer notre planète sera le grand défi du siècle.

80
70
60
50
40

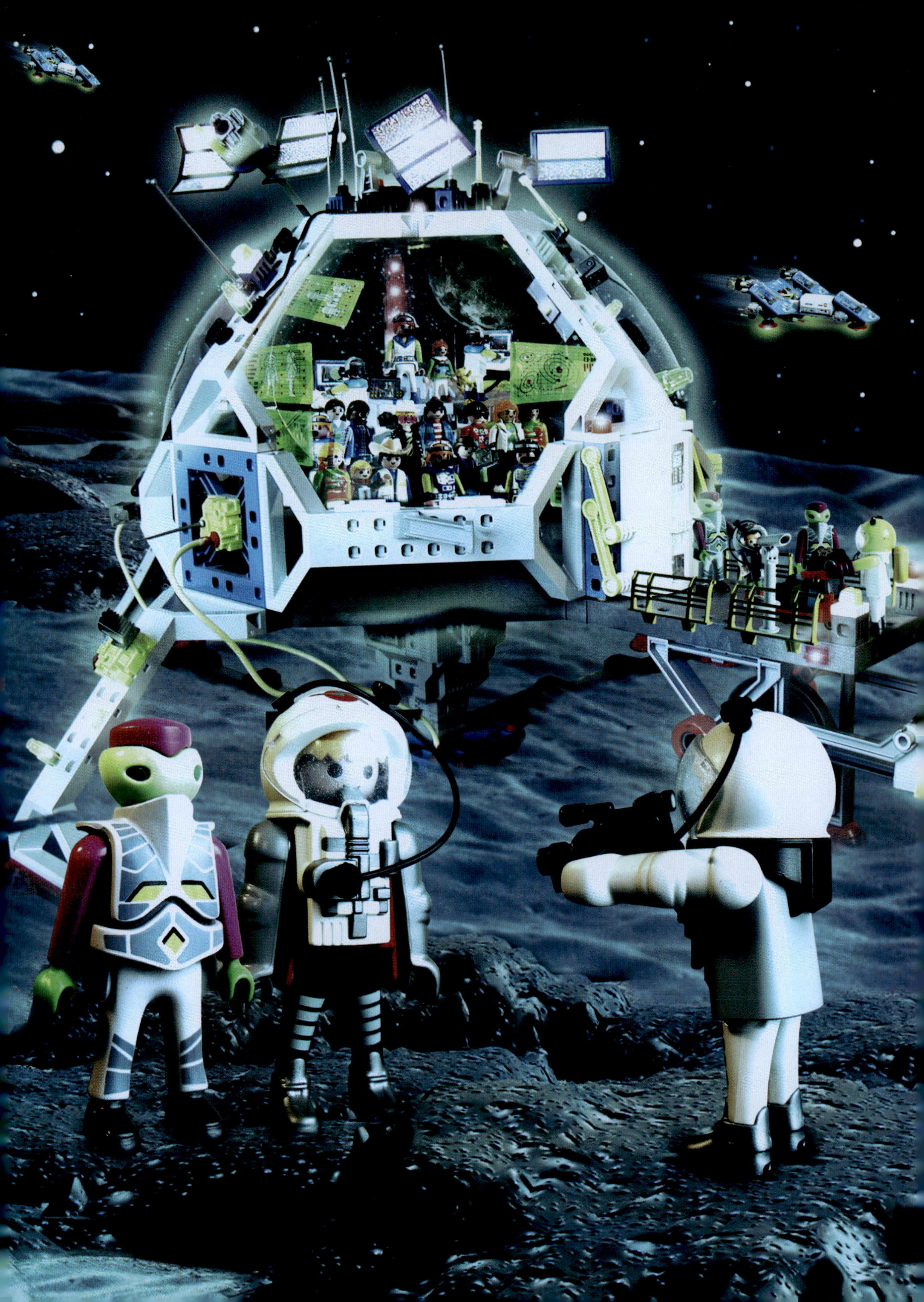

Et demain ?

Demain, ou peut-être après-demain, on ira en vacances sur d'autres planètes, ou même dans d'autres galaxies.

Bienvenue au Cosmos FunPark, la première station spatiale de vacances familiales !

Au programme de votre séjour : visites guidées, rencontres avec les gentils extraterrestres, découverte de la cuisine locale, excursions sur les astéroïdes voisins, randonnées en scooter de l'espace, flirts exotiques et bains de soleil...

Vivement demain !

Casterman
Cantersteen 47
1000 Bruxelles

www.casterman.com

ISBN : 978-2-203-15358-5
N° d'édition : L.10EJDN001879.N001

Achevé d'imprimer en juillet 2018, en France, par Pollina SA
(Z.I. De Chasnais – 85400 Luçon) - 84580.
Dépôt légal : octobre 2018 ; D.2017/0053/276
Déposé au ministère de la Justice, Paris (loi n°49.956 du 16 juillet 1949 sur les publications destinées à la jeunesse).

Du même auteur :

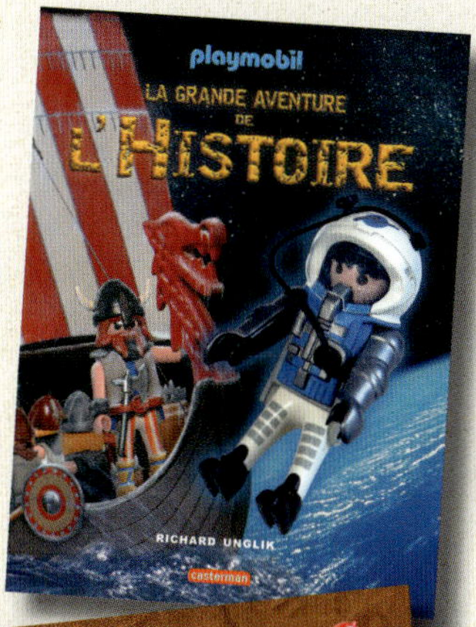